世界卷

历史其实很有趣儿

第3卷

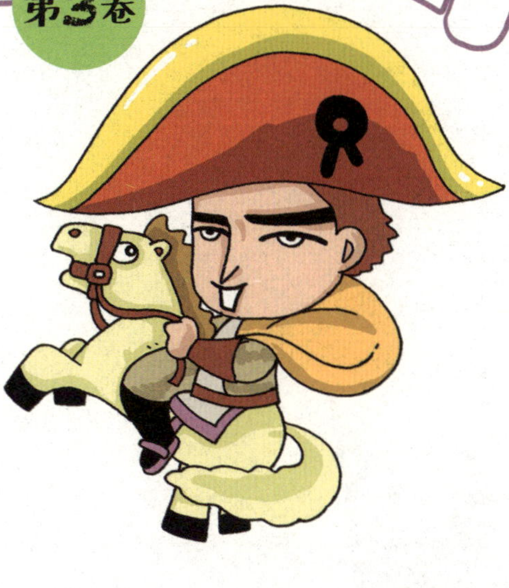

曹亚楠 主编

北京联合出版公司
Beijing United Publishing Co.,Ltd.

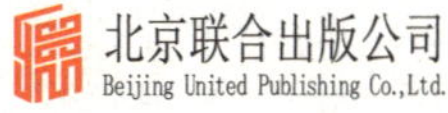

目录

第8章 风起云涌的革命

第9章 为独立自由而战

第11章

改造自然的先行者

第10章

曙光渐渐来临

第 8 章

风起云涌的革命

英王查理一世被送上断头台，克伦威尔窃取果实成了独裁者，拿破仑掀起了扩张之路，“国父”华盛顿也开始建国立业的尝试，等等，风起云涌的革命正在世界各地不断上演。

“海上马车夫”的兴与衰

17世纪，世界上各个国家都在为如何发展壮大自己的势力绞尽脑汁。与英国隔海相望的小国荷兰，仰仗自己发达的船舶制造业，一跃成了世界强国之一。被后世称为“海上马车夫”的荷兰，到底书写了怎样的传奇呢？

小国荷兰的发展

远在欧洲的西北部，坐落着一个很小的国度，它的面积只相当于今天的两个半北京，人口不过150万。在短短的一个世纪，荷兰凭借自己发达的造船业和航海技术称霸世界，成为当之无愧的海上霸主。

在17世纪之前，荷兰只是西班牙属地尼德兰的一个省，16世纪末，荷兰以及其他周边地区相继开始反对西班牙的统治，并且陆续发动了武装起义，1581年尼德兰北方七省成立“联省共和国”，其中以荷兰省最大，所以又称荷兰共和国。

濒临大西洋的荷兰，虽然手工业十分发达，但自然资源却十分稀少，加之有限的领土注定荷兰本土的市场十分狭小。因此不少荷兰人纷纷外出从事商业活动，他们乘船将来自世界各地的货物倒卖向不同的地方，通过这样的经营方式荷兰人赚取了不少的财富。

荷兰宣告独立后，大力发展资本主义的工商业以及海上运输业，金融业和商业也得到了很大的发展，不久它便跻身于西欧强国之列。

知识链接

在15世纪至17世纪前半叶，荷兰一直凭借发达的造船业和航海业称霸世界，不仅如此荷兰还是世界上第一个资本主义国家，是当时世界上11个最主要的发达国家之一。

成为“海上马车夫”

15世纪，世界已经正式进入了航海时代。人们一方面驾驶着船只到处探险，去寻找新大陆和理想的殖民地；另一方面，各国通过海洋贸易将自己国家的特产输出给其他国家，以此来谋取利润。

航海业的不断发展促使各航海大国迅速崛起，其中造船业最发达的荷兰毋庸置疑地强大起来。这时候的荷兰已经成为欧洲少数资本主义国家之一，拥有的船只超过1.5万艘，尤其是商船的数量，要比欧洲其他国家商船数量的总和还要多，所以荷兰很轻松地就掌控了东西方的海洋贸易，成为海洋的霸主。

一个小国却能拥有

如此众多的船只和贸易往来，这与荷兰发达的造船业以及荷兰人严格遵守的经商法则是分不开的。

仅在荷兰的首都阿姆斯特丹就大大小小坐落着上百家造船场，并且具备很发达的造船技术。当时有一些国家的航海关税是取决于船只甲板面积的，聪明的荷兰人为了减少关税，设计出一种船身大甲板窄的货船，为从事运输业的商人减少了不少开支。荷兰的商船是很少有武装的，虽然容易在运输途中遇到海盗，但是造船的开支却大大地减少了，理所当然地提升了利润。

另一方面，荷兰人宁愿在运输途中冻死饿死，也不会使用委托人交给他们运输的衣物和食物，这种真诚与坚强使得很多人信任荷兰商人并愿意将自己的货物交给荷兰商队来运输。

荷兰凭借这些优势很快就称霸了15至17世纪上半叶的海洋。

由于船只在海洋上的作用类似于陆路运输的马车，称霸海洋的荷兰理所当然被当时的人们称为“海上马车夫”。

战争失利，走向衰败

17世纪中叶，在荷兰统治了海上贸易一段时间之后，邻近的英国就对荷兰展开了海上争霸战，后来法国也参与到战争中来，不久后法国进军荷兰本土，荷兰受到重创，从此一蹶不振，国力迅速衰减，“海上霸主”名存实亡。

“断头国王”查理一世

自古以来，都是国王统治着国家的臣民，决定着百姓的生与死。但是并不是所有的事情都是绝对的，在17世纪的英国，一位国王就被他的臣民们无情地送上了断头台，这位国王就是查理一世。

专政国王激起民愤

17世纪初期的英国还处于封建阶级统治时期，国王掌管着国家的统治大权，除了国王以外，议会机构也可以决定一些国家的日常事务。当时的英国资本主义经济已经有所发展，纺织、冶铁、玻璃等工业已经兴起，英国国力可以说是蒸蒸日上。

但是当时的英国国王查理一世，为了保障国家税收的增长，规定将玻璃、纺织品等上百种商品作为皇室的专利——只有皇室才可以售出这些商品。这一做法大大损害了新兴工商业者的利益。另一方面国王不断对农民和乡绅进行剥削，使得百姓生活十分困难。国内矛盾日益加深。

时间
公元1600年－公元1649年
地点
英国

由工商业者、乡绅、知识分子等不同阶层的人组成的议会，对查理一世私自颁布的规定十分不满，多次公开反抗查理的专政。国王查理也不示弱，强行将议会解散。这样一来，更加引起了更多百姓的不满，各地人民纷纷起义。此时英国的阶级矛盾达到了空前的尖锐。

拿起武器打国王

查理一世并没有发觉民众的气愤，仍然我行我素实行专政。其间也曾重新恢复议会，但是一发现议会意见与自己的观点相左，查理就慌张地将议会解散。终于，在一次议会再次召开时，议会大臣们忍无可忍，提出议会不能由国王随意解散。这一提议很快得到了通过，并且被人民热烈拥护。

国王察觉到臣子已经不再任凭他的摆布，在慌乱中逃离英国，并很快地组织起王家军队向议会宣战。就这样，英国内战爆发了。

田间地头的百姓们纷纷拿起武器参加议会军，一起迎接查理一世王家军的进攻。其间出现了不少可歌可泣的英雄人物。

虽然在战争初期议会军节节败退，根本不敌训练有素的王家军，而且一些老议员一直主张谈判求和，使得议会军士气大减。虽然如此，但是最后议会军在军事天才克伦威尔的带领下大败王家军。

查理一世在两军决战时，化装成一个仆人，慌忙逃跑到苏格兰寻求庇护。至此，查理一世的王家军被彻底消灭了。

议会军队乘胜追击，出兵苏格兰，在打败敌军军队后顺利占领了苏格兰，并将查理一世活捉。

将国王斩首

在抓住查理一世不久，议会组成了一个高等法庭，对他们昔日的国王进行审判。最后审判结果认定他们的国王是暴君、叛徒、杀人犯和人民的公敌！并决定将国王处死。举国上下听到这一消息后欢呼雀跃。

1649年1月30日的清晨，伦敦被一层厚厚的大雾笼罩，人们纷纷向国会宴会堂前面的广场走去，在那里，一个国王正在等着被斩首。

一直等到下午，查理一世才被刽子手从宴会堂中带出。一时间，广场上叫骂声不绝于耳，人们纷纷唾弃着他们曾经的国王。

“杀了他！”一个红光满面的大胡子喊道。

“对！杀了他！”人群沸腾了，人们纷纷咬牙切齿地叫嚷道。

随后，这位曾经大英帝国的国王就这样被他的子民斩首了。

人们欢呼雀跃，将帽子奋力地抛向空中，为自己结束了一个专政王朝的统治而兴奋不已。

“独裁者”克伦威尔

英国是世界上典型的资本主义国家。但在300多年前，英国还是一个处在封建统治下的国家。是什么原因让这个原本平凡无奇的封建制度国家，逐渐发展成一个举世闻名的资本主义大国的？这还要从一个著名的革命者说起。

从乡绅到议员

克伦威尔是这次故事的主人公，他的出身并不高贵，父亲只不过是英国一个农业小镇的中等乡绅。17岁的时候，克伦威尔考入了著名的剑桥大学。不幸的是，没过几年他的父亲离开了人世，家中一下没有了顶梁柱，克伦威尔不得不放弃学业回家接替父亲料理农庄。

此时统治英国的国王昏庸无道，胡乱征收赋税，很多平民在缴纳了赋税之后，根本没有多余的收入可以供自己生活，民众的怨气越来越大。

克伦威尔决定竞选英国国会议员，为民众谋福利。由于克伦威尔以及多数议员的政治观点与当时英国国王查理一世相左，查理一世害怕议会彻底干涉自己对英国的统治，不得不调动军队强制性解散了议会。这种做法招来了很多人的质疑和反对。

克伦威尔并没有灰心，再次回到小镇做起了乡绅，后来搬到了伊里城居住。在那里，克伦威尔受到了各界人士的拥护，短短的1年时间里，先后被选进大大小小18个各种议会的委员会，逐渐成了反对查理一世独裁专政的重要议员之一。

铁骑所向披靡

随着英国国内王党和议会的关系日益恶化，1642年英国内战不可避免地爆发了。克伦威尔以议会拥护者的身份，加入了这场反对国王专政的革命斗争。在肃清了剑桥的王党势力之后，剑桥正式成了当时英国议会的坚强后盾。

克伦威尔从田间地头广纳勇士，组织起了一个起先只有60人的骑兵队伍，这支队伍作战凶猛、骁勇善战，时常以少胜多、以弱胜强。随着不停的征战，队伍也慢慢地壮大了起来，由原先的60人逐渐增至几千人。

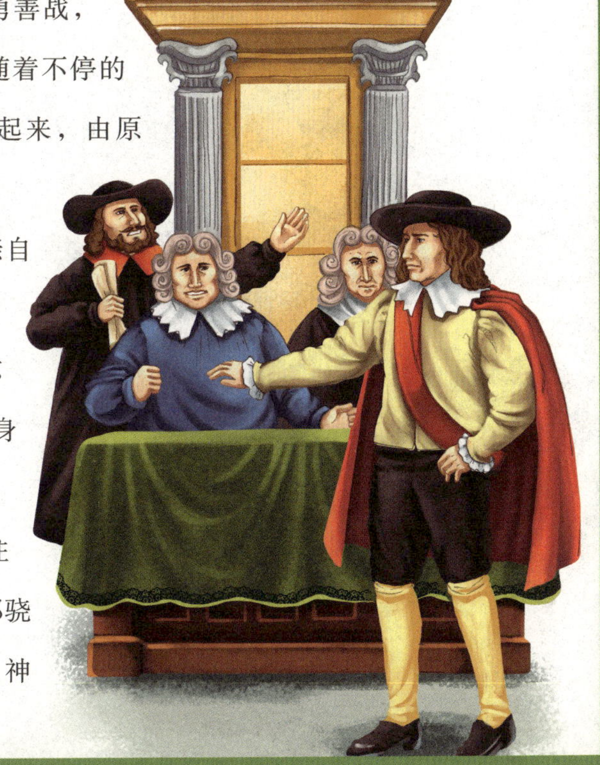

敌人对这支由克伦威尔亲自率领的骑兵队伍十分畏惧，人送外号“铁骑军”。克伦威尔也从一个名不见经传的上尉摇身一变成了“铁骑军”的首脑。

在很多看似议会派已经注定败北的战场上，克伦威尔都骁勇地率领着他的“铁骑军”，神奇地扭转战局转败为胜，克伦威尔因此被人们尊称为“常胜将军”。

夺取革命果实

克伦威尔阻止一些老议员采取议和行动，同时对王党派发起了最后的进攻。在1644年7月的马斯顿荒原战役中，克伦威尔充分利用自己的军事才能，左突右击，重创王党派军队，取得了关键性的胜利。不久，克伦威尔建立了“新模范军”，并且再次大败王党派军队——查理一世逃往苏格兰。

克伦威尔和议会派军队乘胜追击，一举攻占了苏格兰的领土。查理一世被抓获，并被处以极刑。革命最终以胜利告终。

然而革命的胜利并没有给平民百姓带来福音，议会成员掌管了全部权力。不久议会将国家的全部权力移交给了克伦威尔，并举行了庄重的移交仪式。克伦威尔正式就任护国主，把国家的立法、行政、军事、外交大权都抓在自己手里。

克伦威尔在为取缔国王专政热血奋战之后，却又堂而皇之地做起了没有王冠的国王。至此，议会派发起革命所成立的共和国彻底灭亡，取而代之的是一个军事独裁的国家。

克伦威尔作为一个时代的开创者是令人敬佩的，但他从一个资产阶级革命家逐渐蜕变成一个军事独裁者，却使其长久地为后人所唾弃。

“进口国王”和“光荣革命”

克伦威尔死后，他的儿子理查继任护国主。但是理查远没有他父亲的才干。其统治有名无实，上至议会大臣，下至部队军官，没有一个服从理查命令的。不到一年的时间，理查被迫辞职，国家政权落入了掌有兵权的各位将领手里。他们各自为政，英国政治一时间十分混乱。

伦敦来了支外国军队

1688年的秋天，几百艘战舰一夜之间开进了位于英国南边的托尔基海港，一万多名士兵组成的军队向伦敦进军了。走在这支队伍最前面的不是别人，正是当时称霸海洋的荷兰国王威廉。

荷兰军队不打招呼就踏上了英国领土，英国为何不出兵抵抗呢？老百姓们议论纷纷，这荷兰国王为何要带兵造访英国伦敦呢？两国历来相安无事，况且荷兰国王威廉还是英国国王詹姆士二世的女婿呢！

有一些好奇的人经过多方打听才知道，荷兰国王威廉和他的军队，其实是英国议会自己请来的，议会的议员们要请威廉帮助他们进行一次早有预谋的革命。

威廉带着如此庞大的部队一同前来，就是为了使他

的这次“光荣使命”可以顺利完成。

两个暴君的残酷统治

英国议会为什么要请外邦的军事力量来参与自己的国事呢？这还要从他们的护国主克伦威尔说起。

1658年的9月，英国的护国主克伦威尔逝世。根据规定，他的儿子理查·克伦威尔继任护国主。可惜的是理查并不像他父亲一样雄才大略，不管在政治上还是外交上，都显得庸碌无能，一些老臣和大将军根本就不服从他的调遣。

不到一年的时间，理查就被迫辞去了护国主的职位。理查辞职后，国家政权一时落入了掌管兵权的各位将军手中——他们明争暗斗，都想独揽英国的所有权力。英国一时间混乱无比，此时沉默已久的保王党也活跃了起来。

1660年，保王党伙同原先驻扎在苏格兰的军队司令蒙克率军进驻伦敦，并很快找到被克伦威尔杀掉的查理一世的儿子查理·斯图亚特，想请查理·斯图亚特继续坐回国王的位置。

知识链接

因为这次的政变并没有流血就成功了，所以被称为是一次“光荣革命”。“光荣革命”彻底结束了英国的专制主义统治，开始了君主立宪制的统治。

查理·斯图亚特当然接受蒙克他们的邀请，并许诺：赦免议会成员中跟随过克伦威尔发动革命的人；保证宗教信仰自由；承认革命时期已经变动的土地和财产。议会在听信查理·斯图亚特诺言的情况下，才正式宣布将王位还于查理·斯图亚特。

查理·斯图亚特即位后，将原先的诺言忘得一干二净，开始疯狂地算起旧账，屠杀原先的革命人士，连克伦威尔的尸骨都要拿出来折磨一番。另外因为法国国王在查理·斯图亚特流亡期间帮助过他，所以查理基本将所有的决断权都交给了法国国王，一时间英国成了法国操纵的木偶。

查理死后，他的弟弟詹姆士二世继承王位，英国百姓的生活更加艰苦。詹姆士不仅残暴而且独裁，想尽一切办法迫害和自己宗教信仰不同的资产阶级以及新贵族，人民更加痛恨他的统治。

“进口国王”

1688年，人们再也无法忍受他们国王詹姆士的残暴统治，资产阶级和新贵族们决定发动一次政变，彻底摧毁詹姆士的统治。但是他们手无兵权，所以邀请荷兰国王威廉对英国进行武装干涉。

威廉是詹姆士的女婿，虽然如此但是威廉在权力的驱使下还是决定出兵英国，“主持正义”。他声明自己是为了保护英国百姓和议会才不得已出兵的，英国人民在得知这一消息后高兴万分。

1688年11月5日，威廉率领600艘军舰和舰上的1万多名士兵在托尔基港登陆并快速向伦敦推进，英国国王詹姆士众叛亲离，不得已逃往法国。

1689年2月，英国议会宣布威廉就任英国国王，他的妻子詹姆士的大女儿玛丽为女王，实行双王统治。同时议会确立了君主立宪制的国家体制，国王从此以后不能再独揽大权而必须和议会共同治理国家。

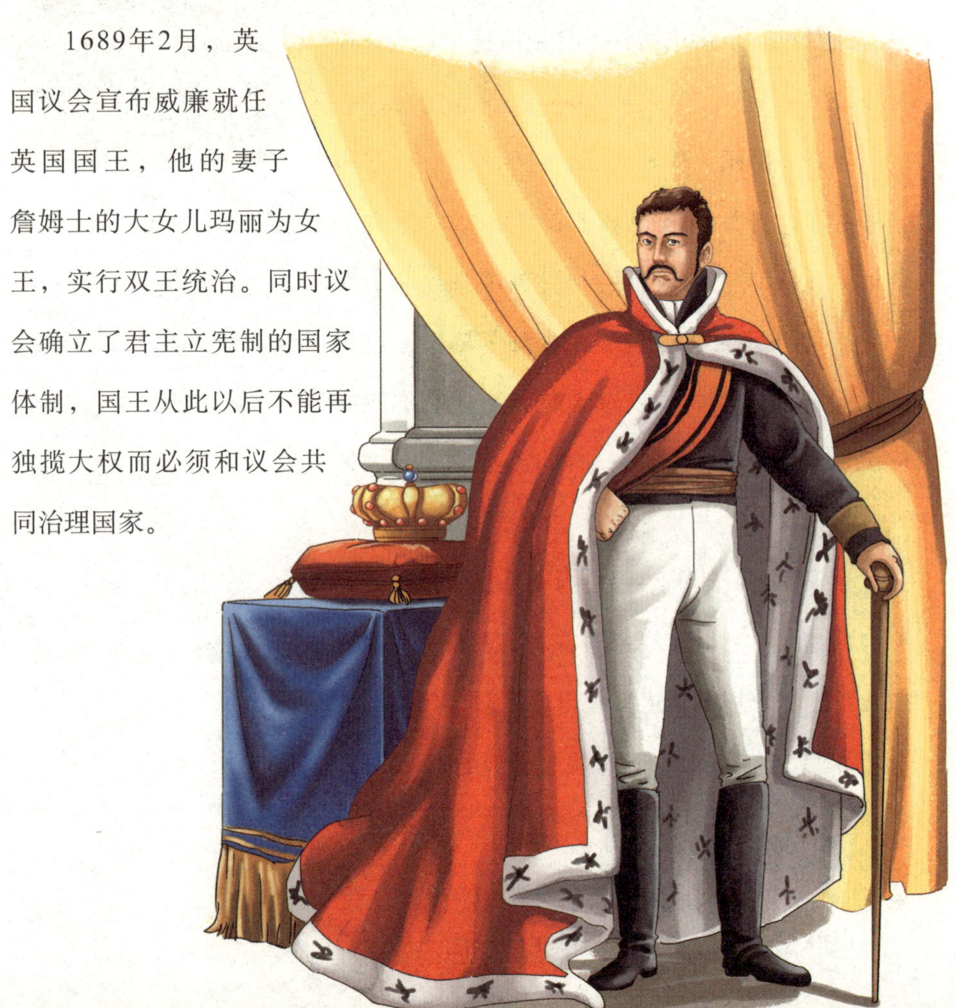

法国国王路易十四

法国是世界上著名的艺术国度，很多艺术大师都成长在这片艺术的热土上。法国人民的和善与浪漫无处不在，即便是法国的政治家都显得温文尔雅。让我们来看看法国一位伟大的国王是怎样通过温和的手段实行国王专政的吧。

童年即位，多难缠身

法国国王路易十四即位时年仅5岁，其母考虑到他年纪还小，便和宰相代替路易十四主持国家政事，而当时的法国还没有完全统一。法国的王公贵族们认为有机可乘，企图与国王共同掌管国家权力。几股强大的势力经过协商，共同发动了“投石党之乱”，迫使路易十四逃离法国，法国的王室就这样开始了一段颠沛流离的生活。

在流亡途中，年幼的路易十四亲眼目睹了平民百姓的疾苦，他从此下定决心一定要精心治理自己的国家，让所有臣民过上衣食富足的生活。小小年纪的路易十四这时已经有了远大的抱负和理想。

首相去世，路易决定独揽大权

很快暴乱被平息，王室又重新夺回了对法国的统治地位。路易十四23岁的时候，一直辅佐他治理国家的宰相马扎然逝世，临终前马扎然嘱咐路易十四：“国王要独揽大权，统治国家的一切。”

路易十四决定听取马扎然的遗言，开始实行国王专政，他向朝中大臣宣布：“从今以后我不再需要首相来扶持我的工作，我就是我自己的宰相！”虽然一些大臣反对路易十四的决定，但是路易的坚持使得他们默认了这一做法。

在此后路易十四亲政的54年里，他真的从未再任用过宰相，国家的大小事务他都要亲自决断，他始终认为，亲自理政本就是国王的职责。

为了不让法国的其他贵族反对自己的专政，路易十四将所有贵族请到自己的王宫常住，并规定这些王公贵族们都是国王的贵宾，在没有经过国王本人允许的情况下不得离开王宫，这样一来，路易十四相当于将有权有势的人都软禁在了自己的宅邸。他用这种温和的手段坐稳了国王的宝座。

治国有方，善用能臣

虽然路易十四决定由自己独揽国家大权，但他深知一个人的能力是十分有限的，因此路易十四也很会知人善任，他重用能臣，这些能臣为法国的发展立下了汗马功劳。

另外路易十四非常注意亲近百姓，他年幼逃亡的经历使他深深体会到了民间疾苦，他向所有法国人承诺：“不论贫富贵贱，都可以随时向他提出意见和不满。”国王的亲民使得法国上下所有人都十分喜欢自己的国王。

在工作方面路易十四真可谓是鞠躬尽瘁，他平均每天都要工作7个小时以上，从政以来这种习惯从未间断过。在路易十四的精心治理下，法国很快就成为欧洲列强之首，可以同当时的超级大国——中国媲美。

路易十四在处理政事时往往废寝忘食。有一次，路易得了重病不得不卧床休息，但他还是坚持日常工作，即便疼痛折磨得他汗流浃背也不曾放弃。正因为如此，他博得了广大臣民的拥护和爱戴。

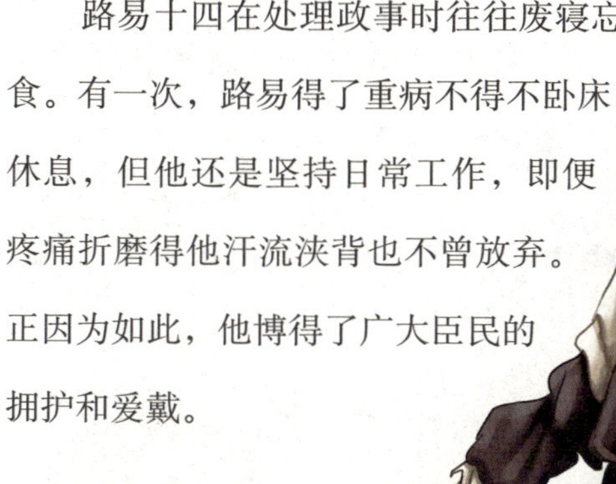

知识链接

法国国王路易十四的经历与中国清朝的康熙皇帝十分相似，年少的时候便成为一国之君，经过一生的励精图治，将自己的祖国带入了太平盛世。

国父华盛顿

华盛顿被称为美国国父。独立战争时期，他担任大陆军总司令，后来他又成为美国第一任总统。你了解童年时代的华盛顿吗？他是如何带领美国人民取得独立战争胜利的呢？

华盛顿与美国独立战争

1732年，华盛顿出生于美国弗吉尼亚州。他的前四代祖先是英国人，因为反对英王查理一世的统治，于1655年移居北美洲弗吉尼亚，以种田为生。华盛顿11岁时，父亲去世了，他在母亲的循循善诱下读了很多书。

16岁的时候，华盛顿去西部做了土地测量员，后来又做过买卖，靠着辛勤和努力，他成了当地有名的大种植园主。

当时，英、法两国为争夺北美殖民地进行了旷日持久的战争。为了争取北美大种植园主的支持，1754年，弗吉尼亚总督答应把20万英亩土地给参加反法战争的富人，这看似慷慨的许诺激励了不少人去参加战斗。可把法军赶出北美后，英国立刻翻脸，宣布西部土地为王室所有。华盛顿因此丧失了1亿多平方米的土地，这让他非常气愤。

在列克星敦打响了反抗英国殖民统治的第一枪后，北美各州人民也纷纷参与进来。1775年，华盛顿被任命为大陆军总司令。

开始的时候，英军装备精良，训练有素。而北美军队中，大多数人是临时召集来的农民，没有武器，没有像样的衣服，也没有受过正规军事训练，以致后来纽约等要塞相继失守，有些意志不坚定的将领竟率兵向英军投降。华盛顿上任后，把原来自由散漫、缺乏组织的美军组织起来，逐步建立了一支强大的正规军。1781年9月，英军统帅康华理率军向华盛顿投降，美国独立战争取得了最后胜利。

出世和退隐之间

美国独立战争胜利后，1783年，“战争之父”、大陆军总司令乔治·华盛顿却交出委任状，辞去自己的所有公职。在此之前，华盛顿已经遣散了他的部属，并发表了告别演说。曾经与他生死与共的官兵们热泪盈眶，无数次和他拥抱、干杯……

华盛顿的最后讲话十分简约，他说：“现在，我已经完成了赋予我的使命，我将退出这个伟大的舞台，并且向庄严的国会告别。在它的命令之下，我奋战已久。我谨在此交出委任状并辞去我所有的公职。”在人类历史上，像华盛顿这样自觉放弃手中权力的人是很少见的。

第二天上午，华盛顿离开安纳波利斯，回到了弗农山庄，在自己的葡萄架和无花果树下过起了一种乡绅生活。1789年4月，华盛顿再度出山，当选为美国第一任总统。但是任职8年后，他发誓不再连任，坚决回到自己的山庄，继续过着平民的日子。

巨人拿破仑

“不想当元帅的士兵不是好士兵。”拿破仑就是这样一位野心勃勃的士兵，从一个小小的炮兵少尉到总司令，再到法兰西帝国的皇帝。拿破仑走过了一段非同凡响的历程，写就了历史上精彩绝伦的一章。

初露锋芒

拿破仑9岁时，就被父亲安排到布里埃纳军校接受教育。之后，他被选送到巴黎高等军事学校，专攻炮兵学，只用1年时间就考取了别人用3年才取得的军官资格，被任命为皇家炮兵少尉。

因在军界和政界中表现出色，1795年，年仅26岁的拿破仑被任命为法兰西共和国意大利方面军总司令。

封王称帝

随着在战争中不断取胜，拿破仑的威信越来越高。但他的崛起令法兰西总督府感受到威胁，他们想办法把拿破仑派往东方，去抑制英国的扩张。然而远征并不顺利，拿破仑的舰队被英国海军完全摧毁，被困在了埃及。

一天，拿破仑无意中看到一张过期的法国报纸，他了解到了法国国内紧张的形势和严峻的外部压力，感到时机已经成熟。于是他丢下自己的部队，秘密回到了法国。

当时的法兰西共和国，保皇派势力渐渐上升。拿破仑赶回巴黎时被当作英雄受到了热烈的欢迎。1799年11月9日，拿破仑发动了著名的“雾月政变”，一举成为法兰西共和国第一执政者。

1804年5月18日，《共和十二年宪法》颁布，宣布法国为法兰西帝国，拿破仑为帝国皇帝，称拿破仑一世。这就是历史上的法兰西第一帝国。第二年，拿破仑又在意大利由教皇加冕为意大利国王。

知识链接

1769年，拿破仑出生在科西嘉岛的阿雅克修城。那时，科西嘉岛刚刚被卖给法兰西共和国。拿破仑的家族是一个没落的意大利贵族世家。

昙花一现

1813年，大不列颠及爱尔兰联合王国、俄国、普鲁士和奥地利帝国组成了第六次反法同盟，拿破仑率领法军顽强抵抗。虽然取得了多次胜利，但针对拿破仑的压力却越来越大。各附庸国见大势不好，纷纷脱离法兰西帝国，宣布独立。同盟军开始向巴黎挺进。1814年3月31日，巴黎被占领，拿破仑宣布无条件投降。

之后，拿破仑被流放到地中海的一个小岛上。在去小岛的途中，拿破仑差点被暗杀。后来又有传言说，他将被流放到大西洋上的一个小岛，不甘心的拿破仑毅然率领1000人逃出小岛，回到了法国。出乎拿破仑意料的是，被派来阻止他的法兰西王国军队转而继续支持他，他又拥有了一支14万人的正规军和20万人的志愿军。可惜好景不长，欧洲各国再一次组成了反法同盟。随后，拿破仑在比利时滑铁卢战役中全军覆没，他再次被流放。

拿破仑去世后，他的遗体被运回法国，他的塑像也被重新竖立在旺多姆圆柱上。

攻占巴士底狱

7月14日，是法国的国庆节，在1789年的这一天，巴黎市民攻占了巴士底狱。巴士底狱到底是一座怎样的监狱呢？人们又为什么要攻打它呢？

一头伏在地上的巨兽

法国巴黎市区东部，有一个叫巴士底狱的广场。几百年前，举世闻名的“巴士底狱革命”曾经在这里发生。

巴士底狱围墙很厚，有8个塔楼，上面架着15门大炮，大炮旁边堆放着几百桶火药和无数炮弹。到18世纪末期，它成了关押政治犯的监狱和控制巴黎的制高点。

在人们眼中，巴士底狱活像一头伏在地上的巨兽。它睁大了眼睛注视着人们的一言一行，有谁胆敢反对封建制度，它就会“嗷”的一声，张开大口，把他吞进肚里……

到巴士底去

面对这样的“巨兽”，人们恨得咬牙切齿，许多人梦想着有一天能把它推倒。机会终于到来了。1789年5月，法国国王看到国库空虚，自己吃喝玩乐的钱不够充足，就和大臣们商议对策。最后，他们决定召开“三级会议”。

那么，什么叫“三级会议”呢？原来，封建的法国把国民分为三个等级：第一等级为僧侣，第二等级是贵族，其他人都归为第三等级。参加“三级会议”的第三等级代表主要有工商业者、银行家、律师和作家等。

第三等级的代表们趁开会的机会提出限制国王的权力，把三级会议变成国家的最高立法机关，还要求三个等级共同开会，按出席人数进行表决。专横的国王一听，不禁火冒三丈。他马上封闭了会场，准备好好地惩罚一下第三等级的代表们。

对于第三等级的代表们而言，这无疑是在他们的伤口上又划了一刀子。他们将国民议会改名为“制宪会议”，开始公开地反抗国王，双方的冲突更加激烈了。之后，国王路易十六偷偷地把大量军队调回巴黎，准备逮捕第三等级代表。可是他万万没想到，自己的做法激起了民愤，数万名巴黎市民听到消息后涌上了街头。当市民们涌向王宫时，一队国王的骑兵冲了过来，他们见人就砍，一时间，街道上血流成河，到处都是尸体。

7月13日清晨，市民们首先冲向军火库，夺得了几万支火枪。随后他们攻占了一个又一个阵地。7月14日早上，除了巴士底狱，整个巴黎都被攻占了下来。

“到巴士底去！”呼喊声在起义队伍中响起。起义者从四面八方涌向巴士底狱。

知识链接

巴士底狱起初是根据法国国王查理五世的命令，按照12世纪著名军事城堡的样式建造起来的。为了防御英国人的进攻，就建得离市区很近。后来，巴士底狱失去了防御作用。

轰塌的封建堡垒

市民们到达巴士底狱后，塔楼上的大炮开始轰击，守卫巴士底狱的士兵从房顶上和窗户里向起义者开火。

但几个小时以后，起义者把一门威力巨大的火炮拉来了，经验丰富的炮手把一颗颗炮弹猛烈地射向巴士底狱，围墙被轰塌了。守卫的士兵惊慌失措，只好举起白旗投降。巴士底狱被攻下了。

为了纪念巴黎人民的伟大功绩，法国把7月14日定为自己的国庆节。

十二月党人

英国和法国先后发动革命并取得了胜利，使得俄罗斯的激进分子有些坐不住了，他们主动去法国学习先进的革命思想，策划着像英国和法国一样也发动一次政变，彻底推翻皇室的专制暴政。

年轻的军官从法国回来

1818年9月的一天，在俄罗斯的圣彼得堡皇家近卫军营地里，几个年轻的近卫军军官正在畅谈着自己的伟大抱负。一个高大英俊的年轻人从外面进来，他就是恰达耶夫，是一名出色的近卫军官，他刚刚从法国旅行回来。

恰达耶夫拿出几本包装有些破旧的书籍，上面隐约写着作者的名字：伏尔泰、孟德斯鸠和卢梭等。恰达耶夫告诉他的伙伴们，他这次带回来的书在法国都是禁书，是不准在市场上流传的，贵族们很担心哪一天老百姓们会再来一次革命，所以他们禁止出版这些作者的书。

这些年轻人想通过学习书中的先进思想，然后将老百姓从专政中解放出来。

革命前的讨论

年轻的军官们意识到如果想让革命成功，前期对

知识链接

十二月党人被列宁称为“贵族革命家”，他们身为贵族，却为了社会的进步彻底背叛了自己出身的阶级，甚至献出了生命。另外，他们对俄国的小说、诗歌、戏剧的发展都有一定的贡献。

革命的宣传必不可少，目前俄国到处都充满着黑暗、愚昧和落后，如果让大家像法国人一样搞革命，必须先进行思想启蒙，所以，年轻的军官们认为在俄国本土出版伏尔泰等法国革命启蒙作家的著作是非常必要的。

当时，俄国的政权掌握在沙皇亚历山大一世的手中。“如果想在革命中取得胜利，我们必须先推翻沙皇的统治！就像普希金的《自由颂》里说的那样，我憎恨你和你的皇座，专制的暴君和魔王！我带着残忍的高兴看着你的覆灭，你子孙的死亡！”一个军官义愤填膺，说着说着朗诵起了普希金的《自由颂》，其他军官也一起加入了慷慨激昂的朗诵中。

革命开始了

这些年轻的军官其实都不简单，他们早在1812年对抗拿破仑军队的卫国战争中立下了赫赫战功，将法军一直打回了巴黎。在巴黎的那段时间里，他们受到了法国革命启蒙思想的熏陶，民主、自由、和平等理念逐渐成为他们追求的目标。

回国后，他们决心改变这种黑

暗现实，就像法国那样，使自己的国家通过变革而强大起来。其中恰达耶夫就是这群年轻军官们的领袖，他们成立了秘密的革命组织，在俄国各地宣传革命，等待着时机的到来。

1825年年底的时候，俄国的老沙皇亚历山大一世突然去世，他没有子女，皇室只得让他的弟弟尼古拉来继承皇位。于是，尼古拉即将当国王的消息传遍了整个国家。

12月14日清晨，尼古拉还沉浸在快乐之中，恰达耶夫和雷列耶夫领导一群热血青年开进圣彼得堡的元老院广场，在彼得一世的铜像前摆开阵势，未过半个时辰又有诸多近卫军加入，起义兵迅速增至3000多人。

激烈的战斗开始了，近卫队占据了绝对优势，但没过多久，随着一颗颗炮弹在广场中央爆炸，广场上一会儿就血流成河，起义队伍伤亡惨重。沙皇的骑兵趁势猛冲过来，最终近卫军因寡不敌众惨败。恰达耶夫被抓，革命被镇压，和恰达耶夫一起革命的热血青年都被一一处死。

半个月后，乌克兰的士兵又发动了起义，可惜的是起义再次被无情镇压。

至此，俄国早期革命暂时告一段落。

意大利统一

意大利在近代一直是个分崩离析的政治实体，到19世纪上半期，意大利共存在8个邦国和地区。意大利人民要求民族统一的要求一直没有停止过，而阻碍其统一的最大敌人就是法国。

统一序曲

意大利有着浓厚的宗教传统，教皇国就在意大利的中部，拥有广泛的影响。随着欧洲资本主义如火如荼地发展，意大利人民也展现出非凡的斗志，他们的民族精神不可避免地被激发出来。在拿破仑攻打意大利之际，意大利民族遭受到毁灭性的打击，他们发现，唯有建立属于自己的国家才能让整个民族发展壮大。并且，许多意大利革命英雄在对抗拿破仑的战争中学到诸多实战经验，这都为意大利的统一埋下了伏笔。

在分崩离析的意大利各邦中，撒丁王国实力最为强大，也是资产阶级自由派力量集中的地区。因此，以撒丁王国为核心、以资产阶级自由派为领导、以自上而下的王朝战争为主要途径，便成为意大利统一运动获得成功的唯一选择。1848年，自由主义革命在意大利西西里岛爆发，自由之火迅速扩展至整个意大利，随着罗马教皇的逃亡，意大利自由革命宣

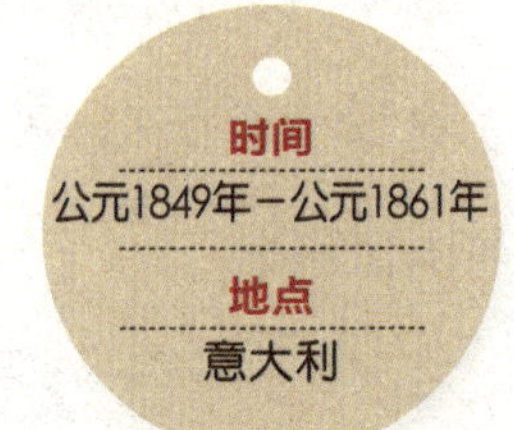

布成功，星星之火迅速燃烧至整个欧洲。1849年1月21日，意大利进行了第一次自由选举，凡年满21岁的男性民众均可以参与选举。自由选举诞生了意大利首届议会，接着在2月8日，制宪议会宣布成立罗马共和国，组成三人执政的政权体系。不过，制宪议会并未处死教皇，剥夺教皇的权力之后仍保持他的宗教地位。在此次革命当中，声名显赫的爱国军人朱塞佩·加里波第将起义士兵组成“意大利军团”，维护新成立的政权。不过，罗马教皇并不甘心因此丧失统治权力，随后向其他天主教国家求救。闻讯而来的法国总统路易·波拿巴联合奥地利军队，举兵攻伐加里波第。6月29日奥法联军攻入罗马，加里波第被迫解散“意大利军团”。

终成大业

加里波第的军队被迫解散，但是意大利人民的独立意识却再一次爆发。在接下来的1860年，西西里人民效仿北方革命，纷纷起义。意大利的统一革命再一次出现有利形势。受制于法国军队管束的加里波第立即响应人民的要求，迅速组织由资本主义民主政权支持的“千人志愿军”，也就是颇有名气的“红衫军”。5月初，加里波第率领这支“红衫军”奔赴南方，在远征西西里的一路上披荆

斩棘，所向无敌。很快，加里波第占领了西西里王国的首都那不勒斯，赶走了波旁家族的君主。形势大好的加里波第率领起义民众建立了意大利临时政府。为了避免刚建立起来的政权遭受到沉重打击，加里波第决定借用撒丁国王的势力统一意大利。于是他把两西西里王国献给撒丁国王，通过撒丁国王的支持，加里波第迅速征服了意大利东部2/3的领土。1860年年底，撒丁国王统一了除罗马城和拉齐奥之外的所有意大利领土。1861年3月，意大利王国正式成立，罗马教皇已是强弩之末。

不久，普鲁士与奥地利在1866年发生战争，意大利宣布加入普鲁士方，共同对抗奥地利。在随后的战争中奥地利被普鲁士打败，根据之前签订的战争条约，意大利收回了被占领的威尼斯。接着，在1870年，普法战争爆发，赐给意大利国王维托里奥·埃马努埃莱二世统一意大利的良机。在普法战争焦灼之时，意大利国王率领军队攻入教皇领地，逼迫教皇让出罗马城和拉齐奥。1870年9月20日，教皇被迫交出所有权利，避居梵蒂冈。自此，意大利统一才算完成。

剑子手·国王·断头台

刽子手是一个特殊的职业，随着人类文化的不断发展，逐渐退出了历史长河。关于刽子手的消失，还要从法国国王路易十六以及法国的一名刽子手亨利·夏尔说起。

刽子手亨利·夏尔

1793年1月21日的早上，亨利·夏尔起得非常早，精心打扮了一番之后——穿上红色的工作制服、戴着高帽子迫不及待地去上班了。

要说起亨利·夏尔的工作，可是十分特殊的。人们听到这个职业都会胆战心惊——刽子手。大概算起来，死在亨利·夏尔刀下的囚犯最少也有上千人了。但是今天亨利·夏尔要杀的犯人非常特殊，夏尔想起来就兴奋不已，因为今天他昔日里的国王将要死在他的刀下。

亨利·夏尔可不是一般的刽子手，他的父亲、祖父、曾祖父都是法国的刽子手，可以说是刽子手世家了。夏尔的曾祖父叫桑松·夏尔，桑松起初并不是刽子手，而是当时法国国王路易十四身边的一名近卫军军官，在当时的法国属于贵族。

时间
公元1793年以后
地点
法国

桑松有一次去巴黎郊外骑马，不小心从马上摔了下来，昏迷不醒。幸运的是，他被人救了起来，在附近的一所民居里养伤。民居里主人的女儿叫玛格丽特，漂亮而端庄。在她对桑松细心照料的时候，两人逐渐产生了感情，一发不可收拾地坠入了爱河。起初，桑松根本不知道他的爱人玛格丽特的父亲是做什么的，一次偶然的机会才让桑松知道玛格丽特的父亲是一名刽子手。这让桑松难以接受，于是狠心地和玛格丽特断绝了关系。

一段时间之后，桑松发现自己已经无法离开玛格丽特了。他和家里闹翻，辞去了近卫队军官的工作，重新去找玛格丽特，两人准备私奔！不巧的是，就在两人收拾行李时，被玛格丽特的父亲发现了，老头子气愤不已，揪住桑松的领子大声呵斥："你这个浑蛋！现在必须娶我的女儿！并且从今以后做我的助手！不然，我就杀了你！"

桑松害怕不已，从此走上了刽子手的道路，而且他的后代也陆续继承他的衣钵，成了刽子手世家。

亨利·夏尔想他的曾祖父怎么也不会想到他的后代会亲手杀了自己的国王，一种自豪感油然而生。

断头台的发明

亨利·夏尔现在用的刑具和以前处决犯人的刑具不一样，这是个新家伙，叫断头台。他只要把犯人绑在台子上，把手中的线剪断，断头台上的铡刀就“嗖”的一声落下来。犯人马上身首异处，毫无痛苦。

断头台的发明，亨利·夏尔也是参与者。当时处置死刑犯用的是车裂，十分残忍，一些大臣和百姓强烈提出要求更换一种可以减轻犯人痛苦的刑具。断头台由此应运而生。

这种大型的刑具可以迅速地处死犯人使犯人减轻受刑之苦，很快赢得了老百姓的欢迎。就这样刽子手的工作也变得简单了。

国王处死了自己

说来也巧，断头台是当时的法国国王路易十六组织发明的。断头台发明不久后，法国大革命爆发，人们将自己的国王抓了起来，并判处死刑。

处死路易十六的刑具就是他自己发明的断头台，这样带有讽刺意味的事情真的让人们哭笑不得。

我们不难想象国王路易十六被自己的臣民用自己发明的刑具杀死时是怎样的无奈和凄楚，但随着时间的流逝，不管怎样的历史都会离我们远去，我们能做的只有总结历史经验，使令人伤心的事情不再发生。

1981年密特朗总统上台后，废除了所有由断头台执行的死刑。从此断头台被搬进了博物馆，而刽子手的行业也销声匿迹了。不管怎么说，这都是一件令人高兴的事情。

第 9 章

为独立自由而战

世界各地的反抗起义层出不穷。列克星敦的枪声、约翰·布朗的起义、法国七月革命、英国宪章运动、南美洲为独立而战的运动，等等。大家都在为了自由而战。

罪恶的奴隶贸易

非洲黑人为什么会成为被贩卖的商品？是谁参与了这场罪恶的奴隶贸易？黑人们经历了怎样的苦难历程？受压迫的黑人能够在最后取得独立和自由吗？下面就为你一一解开答案。

有利可图的买卖

15世纪中期，一支葡萄牙探险队在布朗角附近遇见了10名非洲黑人，并把他们带回里斯本卖了出去。黑奴贸易从此开始了。到16世纪，由于对西印度群岛及美洲大陆进行扩张掠夺，土著印第安人遭到了西班牙人的残酷屠杀。

后来，为了从殖民地获得更多财富，欧洲新兴的资产者不再满足于对海外的洗劫，开始着手经营殖民地。他们在西印度群岛种上了甘蔗，在北美种植园里栽种了烟草和棉花，在中美洲、南美洲开发金、银矿藏，而在印度则种植了茶树……

开始的时候，他们的劳动力主要是从欧洲运来的白人契约工，但他们大多不能适应美洲酷热的天气和繁重的劳动。于是，非洲的黑人便成了殖民者猎取劳动力的主要对象，奴隶贸易也就随之成为一桩赚钱的买卖，逐渐兴隆起来。

惨无人道的贸易

18世纪末，一个奴隶贩子一趟运400多名黑奴，就可以净赚25000英镑左右。西班牙、荷兰、英国、法国，尤其是最先进行奴隶贸易的葡萄牙，都靠贩卖奴隶发了横财。虽然这为殖民者创造了大量的财富，但奴隶本身却遭受着非人的待遇。在贩卖的航程中，奴隶的平均死亡率约有10%，有时甚至达55%。

开始，奴隶们被用木枷、锁链等锁住，剥去衣服，供奴隶贩子像挑牲口一样挑选。被选中的奴隶将被火红的烙铁烙上标志，然后装船运载。

为了多赚钱，贩奴船经常超载。而奴隶们挤在潮湿、污浊的船舱里，非常容易患传染病。不幸患病的奴隶往往就被扔进海里，活活淹死。如果在途中碰上风暴等恶劣天气，延误了航期，奴隶贩子也会因淡水、食物不够而把部分奴隶抛入大海。如果奴隶拒绝吃东西，就会遭到毒打等刑罚。有的奴隶实在不愿忍受痛苦，跳进了海里，奴隶贩子就在甲板周围装上网……

奴隶起义

由于遭受种种非人待遇，不少奴隶奋起反抗。从1700年到1845年，贩奴船上曾多次发生奴隶起义。而在广大奴隶遭受奴役的美洲地区，这种反抗表现得更加激烈，光是美国黑奴就举行过250多次起义。而1790到1803年的海地黑奴起义，是奴隶起义中影响最大的，它敲响了拉美殖民地奴隶反对殖民统治的警钟。

约翰·布朗起义

美国建国之初存在的奴隶制度遭到很多有良知的人的反对，有的人还为此付出了生命的代价。约翰·布朗就是这样的一位英雄。

起义的背景

时间
公元1859年
地点
美国

美国人赶走英国殖民者以后，建立了美利坚合众国，可是国内却存在着两种对立的社会制度。在南方，当时的棉花产量占全世界的3/4，为了追求利润，奴隶主们疯狂地将奴隶人数由建国之初的60万人增加到400万人。在南方种植园里，奴隶们过着牛马不如的生活。这种残酷的制度激起了奴隶们的反抗，他们焚烧种植园，杀死监工，甚至举行武装起义。他们还建立“地下铁路”，把黑奴从南方送到加拿大或者北方的自由州。约翰·布朗也是“地下铁路”的积极参加者。

有压迫就有反抗

约翰·布朗1800年出生于美国一个贫苦的白人家庭，他的父亲也是一个积极的废奴主义者。在经过多次尝试之后，约翰·布朗认为奴隶制的罪孽必须用血来偿还。于是，他计划率领一支突击队深入到弗吉尼亚地区，把种植园的黑奴吸引到他的队伍里，武装反抗奴隶主，并为黑人奴隶建立一个临时的黑人共和国。

1859年10月，约翰·布朗带领20多人的小分队占领了弗吉尼亚的一个军火库，打响了反抗奴隶制度的第一枪。但由于奴隶制度在南方根深蒂固，约翰·布朗的队伍遭到了重重包围。面对绝境，约翰·布朗拒绝投降，战斗到最后一刻。最后，他本人受伤被捕。

约翰·布朗被捕后，南方法庭快速展开审判，以谋杀、叛逆、暴动的罪名判处其绞刑。与此同时，对约翰·布朗的营救工作也在北方展开。但是，大无畏的约翰·布朗拒绝一切暴力营救计划或以精神病为借口的办法，他对来探监的亲友们说："受绞刑比其他任何事情都有意义！"

1859年12月2日，约翰·布朗镇定地走向绞架。在那里，他没有发表任何讲话，从容地走向了死亡。但他留给监狱看守的纸条上写了一句话："我，约翰·布朗，现在坚信只有鲜血才能洗清这个有罪的国土的罪恶！"

约翰·布朗的起义失败了，但却引爆了美国废奴运动的火药桶。南北双方在两年后兵戎相见，爆发了美国历史上有名的南北战争。

列克星敦的枪声

1775年4月19日，列克星敦的民兵打响了反抗英国殖民者的第一枪，从而拉开了美国独立战争的序幕。列克星敦也因此被人们称为“美国自由的摇篮”。

燃烧的怒火

18世纪后半期，英国在北美大西洋沿岸先后建立了13个殖民地，成为海外殖民地霸主。为了弥补在战争中造成的重大消耗，英国不断增加对殖民地的税收，引起了殖民地人民强烈的不满。到1765年，英国政府又规定所有公文、契约合同、执照、报纸、杂志、广告、单据、遗嘱等，必须要贴上印花税票，才能流通生效。这种变本加厉的掠夺，令殖民地人民非常愤怒。各种秘密反英组织相继出

现，抵制英货、赶走税吏、焚烧税票、武装反抗等事件也不断发生。

1770年3月5日，一些手无寸铁的波士顿市民遭到英军的枪击，这就是历史上有名的“波士顿惨案”。它点燃了殖民地人民心中反英的怒火，一场为争取独立和自由的战争即将爆发。

独立战争的第一枪

1775年4月，马萨诸塞总督盖奇听说了一个消息：在距波士顿不远的康科德镇，有反英秘密组织的军火仓库。这让盖奇非常恐慌，他立即派史密斯少校率800名英军前去搜查，并命令他们逮捕相关的领导成员。

4月19日凌晨，英军部队来到了离康科德不到10千米的小村庄——列克星敦。因为赶了一夜路，他们每个人都很疲倦。当村外草地上有几十个手握长枪的村民出现在他们的眼前时，他们的瞌睡一下子被赶跑了。原来，他们是列克星敦的民兵，北美大陆殖民地上的居民都叫他们“一分钟人”，意思是他们行动非常迅速，只要一有情况，在一分钟内就能集合起来投入战斗。

让史密斯吃惊的是，英军的行动怎么这么快就被这些民兵知道了呢？原来，在他们到达这里之前，村民们早已得到了情报，并做好了准备，等候他们的到来。本来有些紧张的史密斯一看对方只有几十个人，心情马上放松下来，他举起指挥刀，大声喊道：“给我冲！射死他们！”号令一出，列克星敦的上空顿时响起了枪声。几分钟后，由于敌众我寡，民兵们很快撤离了战场。史密斯乘胜追击，指挥士兵直奔康科德。但是等他们赶到镇上时，家家关门闭户，看不见一个人，他们进入各家搜了大半天却什么也没找到。

等史密斯发觉情况不妙下令撤退时，镇外的喊杀声、枪声却陡然大

知识链接

独立战争胜利之后，列克星敦镇中心竖起了一座手握步枪的民兵铜像，那是美国人民为了纪念列克星敦的战斗而铸造的。

作——他们被附近村镇的民兵们包围了。那些民兵埋伏在篱笆后边、灌木丛中、房屋顶上、街道拐角处，把一批又一批的英军射倒在地上。而英军却连民兵的影子也找不到。他们只好向波士顿方向撤退，却又遭到埋伏在路边的民兵的不断袭击。一直到黄昏，从波士顿赶来的一支援军才把史密斯等人救了出去。

列克星敦的枪声极大地鼓舞了殖民地人民争取独立的决心，美国独立战争从此开始了。

葛底斯堡决战

美国的南北战争关系到美国的长远发展，而在葛底斯堡的血战就是这场决战的转折点。从此，联邦军开始走向胜利。

巧妙设伏，请君入瓮

1861年，因在废奴问题上的分歧无法调和，美国南部各州宣布脱离联邦，成立 “南部同盟”。于是，持续4年之久的内战爆发了。从南北双方的力量对比来看，北方已经进入工业社会，无论是人力、物力还是武器、装备，北方都占据绝对优势，所以上至美国总统下到平民百姓，都认为北方会轻易取得胜利，南方奴隶主将被消灭，国家会重新统一。在联邦军队向前线开拔时，竟然有和军队人数一样多的老百姓带着做饭的炊具和野营的帐篷跟在后面去看热闹。但出乎人们意料，南方叛军在名将罗伯特·李的指挥下，采取机动灵活的战术，和联邦军队缠斗在一起，战争进入胶着状态，双方的消耗都很大，看来，在短时间结束战争是无法实现的。

就这样，战争一直持续打了2年多。林肯总统无法再忍受手下指挥官的蹩脚指挥，决定临阵换将，派米德率领8万人，直接和罗伯特·李决战，想要一劳永逸地结束战争。得到林肯总统信任的米德将军，于1863年7月1日，在离首都华盛顿200千米远的小镇葛底斯堡设下埋伏，准备在这里给南军以致命一击。

此时，李将军正率领着他的10万大军和200门大炮，从南到北横扫而来，一路上攻无不克，在他看来，只要再花几天的时间，联邦首都华盛顿就会被攻克，南方的胜利指日可待。两支大军在葛底斯堡相遇了。

血战的代价

埋伏多时的联邦军队率先发起了攻击，猝不及防的李将军并没有慌张，连日的胜利早就让他不把联邦军队的任何人放在眼里。在抵抗了一阵后，李将军命令军队暂时退却，准备向联邦军队发起最猛烈的反击。

第二天，李将军集中重炮猛烈攻击联邦军的阵地，然后又用声东击西的战术给联邦军造成了重大的伤亡。最后，在付出了惨重的代价之后，李将军率领的南军终于攻占了联邦军的阵地。

胜利的李将军有些松懈了，但米德却率领联邦军半夜偷袭，把熟睡的南军杀得落花流水，一举夺回了阵地。李将军恼羞成怒，命令军队强打硬冲，但联邦军拼死守住了阵地，给南军以重创。最后，无奈的李将军只好率领败兵撤出了葛底斯堡。联邦军经过苦战，终于取得了胜利。

林肯总统得知消息后发表演说称葛底斯堡是奴隶主军队的坟墓！

葛底斯堡战役的胜利是南北战争的转折点，从此，南方军队再也无力对联邦军队发动进攻，转入了防御阶段。北方胜利的曙光已经显露出来了。

知识链接

葛底斯堡镇周围现在是国家军事公园。在5900英亩的范围内有1000多座纪念物和大炮，还有20多个博物馆，生动而详尽地再现了葛底斯堡战役的壮烈场面。

弗吉尼亚大会战

弗吉尼亚是美国南北战争最后的大决战，联邦将领中崭露头角的格兰特以此战扬名天下，成为美国一代名将。

总统选派了一个乡巴佬

当美国南北战争进入到后期，林肯总统下决心早日结束战争，但联邦军队一直缺少一个真正的帅才。为此，林肯总统考虑再三，决定任命在战争中崭露头角的格兰特将军为联邦军统帅，希望他一战解决已经率南军撤退到弗吉尼亚的罗伯特·李。

格兰特在联邦军队中小有名气，在南北战争中也取得过一些战役的胜利。但无论是从个人气质，还是军事造诣，格兰特都无法和南方叛军罗伯特·李相提并论。而且从外表上看，格兰特粗俗，像个村夫，远不如罗伯特儒雅、彬彬有礼。

对于这项任命，总统身边的人都有不同意见，觉得外形粗俗像个农民的格兰特，绝不会是举止高雅的罗伯特将军的对手，几次想阻止总统的任命。但林肯总统却坚信自己的选择。

他把格兰特召到白宫，亲自宣布了自己的任命。这让从没见过大场面的格兰特有些受宠若惊。当林肯总统问他有无把握战胜叛军将领时，格兰特立

正，向总统保证自己一定会打败叛军。

任命格兰特，在军队中也引起了不满，大家觉得无论从哪个方面说，司令这个职位都不应该轮到格兰特身上。但格兰特坚信打仗不是按照教科书的预案进行的。两军相逢勇者胜，他也决心打败罗伯特·李将军，奠定自己的名声和事业。

不负众望

格兰特率领十万大军穿过地形复杂的荒原，向罗伯特的部队发起攻击。而罗伯特也派朱巴尔将军率一部人马绕道袭击格兰特侧翼。格兰特一面应战，一面改变阵势，但他的庞大兵团在稠密的丛林里调度有些困难。双方激战两天，互有胜负，打成平局。

格兰特现在知道，他面对的是和自己气质大不相同的将军。罗伯特也发现，波托马克兵团已得到了堪当其任的统帅。双方在弗吉尼亚进行了长达一个多月的大会战，互有胜负。只不过，格兰特的补给充足，而罗伯特的军队却越打越少，最后只能归宿在盖恩斯，靠战壕抵御格兰特的军队。

格兰特没有足够的大炮攻击罗伯特，就想着挖地道到南军的围墙下，再用炸药炸开围墙。不想这一计谋被罗伯特识破没起到作用。格兰特明白短时间内无法攻下南军的阵地，决定暂时围困。

在罗伯特死守盖恩斯时，还把希望寄托在攻打格兰特军队左翼方面。不想却被格兰特识破，遭遇失败。随后格兰特又挥军突破了罗伯特的中部防线，逼迫罗伯特撤出军队。

不久，联邦军队从四面合围，格兰特又向罗伯特发起猛攻，走投无路的罗伯特只好放下武器，向格兰特投降。历时四年的南北战争以联邦军队的胜利而告终。

知识链接

格兰特接洽罗伯特的投降时，双方都摆出了英雄相惜的姿态。罗伯特·李穿上了披挂全新的军装，挎着镶嵌宝石的指挥刀；格兰特穿着士兵服，纽扣没有扣上，也没有带指挥刀。一方有战败的悲哀，另一方却没有获胜的喜悦。双方都为卷入内战而感到痛心。

法国七月革命

七月革命是指1830年7月法国推翻复辟的波旁王朝，拥戴路易·菲利普登上王位的革命。建立了“七月王朝”。

敕令引起革命

波旁王朝在法国复辟后，一直受到压制的旧贵族，由于王朝复辟而获得了一种快意的解脱感，迫不及待地要重建封建秩序。

1830年7月25日，查理十世颁布敕令：修改出版法，限制新闻出版自由；解散新选出的议会；修改选举制度。这条敕令因为破坏了1814年《宪章》的精神，使得劳动群众和自由资产者对此十分气愤。当天下午，反对派主要报刊的编辑和记者在《国民报》编辑部集会，起草抗议书。他们拒绝承认解散议会，宣布政府已经失去合法性。

27日，几千名工人和手工业者走上街头，与军警发生冲突。

28日黎明，起义开始。工人、手工业者、大学生和国民自卫军建筑街垒，夺取武器库，攻占市政厅。当起义军占据优势的时候，以银行家拉菲特为首的大资产阶级温和派力主与国王谈判，想通过和平手段迫使国王改变法令。但顽固的查理十世和首相波利尼亚

克拒绝谈判。他们还想调兵遣将对起义军进行反扑。

7月29日，起义者控制了巴黎，占领了卢浮宫和杜伊勒里宫。此时，外省发动的起义也相继取得胜利。起义群众及其领导者要求宣布成立共和国，废除波旁王朝的统治。于是，革命者在巴黎市政厅成立了以拉菲特和国民自卫军总指挥拉法耶特为首的市政委员会。

七月王朝建立

面对不利的形势，查理十世不得不收回敕令，命令蒙特马尔公爵组织政府。但已无法挽回局势。巴黎人民高呼“打倒波旁王朝”“自由万岁”的口号举行武装起义。经过激烈的战斗，终于攻下王宫。查理十世仓皇出逃，七月革命取得胜利。

30日，拉菲特召集60名议员开会，决定委任奥尔良公爵路易·菲利普为摄政官。

31日，路易·菲利普在拉法耶特陪同下，手举三色旗出现在王宫的阳台上，接受摄政官称号。

8月7日，众议院召路易·菲利普即位，建立了金融资产阶级统治的七月王朝。

自1789年以来，为实现大革命开创的事业，埋葬封建制度，建立资本主义社会，法国经历了革命与反革命、内战与外战、复辟与反复辟的长期动荡不宁的时期，共计41个年头。最后才由七月革命而带来了一种稳定与平衡。它表明，资本主义终于战胜了封建主义，在法国站稳了脚跟。

七月王朝恢复了大革命创立的“八九年原则”，重新建立起议会政治。

1830年8月14日，颁布了七月王朝的宪章。宪章再现了三权分立的原则，国王掌握行政权，立法权归两院制议会，上下院议员一律选举产生，司法独立。选举权仍有财产资格限制，但选民人数从复辟王朝时期的9万余人增至20多万。这使一般小资产阶级没有得到选举权，但公民的基本自由权利得到了恢复。

知识链接

七月革命的起义为推翻波旁王朝浴血奋战，最后占领了王宫。法国浪漫主义绘画杰出代表德拉克洛瓦受此感染，创作了名画《自由引导人民》。

里昂工人起义

19世纪初期，随着欧洲工人阶级的觉醒，无产阶级开始为自己的权益而斗争，整个欧洲都卷入其中，法国里昂的工人站在了斗争的最前列。

工业之城的黑暗

一提到里昂，人们就会想到这是法国的丝绸之城，它所出产的丝绸产品，享誉欧洲。在里昂城的中心，可以看到整洁的大街、林立的店铺和穿戴讲究的行人。可是在工业区，情形就完全不同了：这里街道狭窄，垃圾遍地，臭不可闻，街道两旁密布着低矮破旧的作坊。在作坊里干活的都是面色苍白、骨瘦如柴的纺织工人，其中有许多是妇女和儿童。他们一天要干15到16个小时的活儿，挣到的钱只能买1磅面包，只够维持温饱的生活；工人的住处远在郊区，下工以后，他们还要拖着疲倦的身体走到住地。那里的房子更加破旧不堪，难避风雨。还有不少工人连这样的房子也没有，只好露宿街头，或者睡在机器下面。这样的生活使得工人们忍无可忍，他们开始了反抗。最迫切的要求是增加工资，改善生活。于是，在1831年10月，工人代表提出了工资标准草案，要和资本家一起

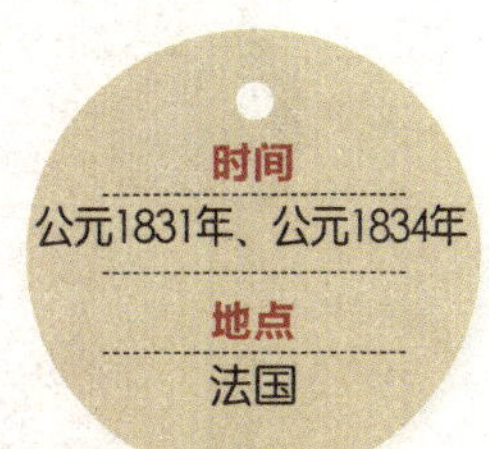

开会讨论。但发财心切的资本家根本不愿意和工人讨论增加工资的问题。在讨论时，不是讨价还价就是想办法拖延。毫不让步的工人决定罢工，集体到市政府前游行示威。工人们的力量让资本家有些手足无措，资本家只好实行缓兵之计，暂时答应了工人的请求。工人们的斗争取得了胜利。

起义、起义，不抗争就死亡

贪婪的资本家根本就不愿意答应工人的要求，他们派人向内阁总理告状，反对工资标准协议。政府立即根据制造商的要求否决了这项协议，还准备用武力镇压工人。有了政府的撑腰，资本家们马上背信弃义地撕毁了协议。3个星期过去了，工资还是照旧。这种强硬的态度使工人们预感到一场恶战就要开始，他们立即行动起来，决定要给资本家一个教训。

11月21日早晨，工人们又罢工了。一支2000人的游行队伍从工人

区出发，直奔市中心。他们4个人一排，踏着坚定的步伐，高歌行进："前进，前进，冲向敌人的枪口，冲过枪林弹雨，奔赴胜利！"游行队伍走到城门口，遭到了等在那里的政府军的开枪镇压。枪声传到工人区，愤怒的工人立即沸腾了。他们拥进军械仓库，把里面的枪支、弹药和刀剑抢在手里，向政府军发动猛攻，并很快击溃了政府军，一举占领了里昂城。胜利的无产阶级并没有彻底摧毁资产阶级政府的思想，还幻想着和政府再进行谈判。政府利用了里昂工人的麻痹，在国王的支持下调来了大军。12月1日，6万名政府军包围了里昂城。第三天，处于被动局面的起义队伍被血腥镇压下去了。

知识链接

里昂是法国东南部的工业城市，为法国最重要的纺织工业中心，纺织工业中以传统的丝织业著称，人造纤维工业有一定地位。

1834年4月9日里昂再度爆发丝织工人起义。这次起义提出了废除君主制度，建立共和政体的口号。起义群众同政府军激战6天，终因力量悬殊被政府军镇压。里昂工人的起义虽然失败了，但却显示了无产阶级的伟大力量，表明无产阶级已经独立地登上了政治舞台。

英国宪章运动

19世纪30年代至40年代，英国工人为争取普选权，举行了3次向国会请愿的大规模政治活动，这就是著名的“宪章运动”。这是无产阶级作为独立的政治力量，同资产阶进行政治斗争的开端，具有重要的历史意义。

《人民宪章》

世界上率先进行工业革命的国家是英国，在英国的这场革命斗争中，广大人民群众可以说是功不可没。可是除了那些向政府上缴高额税金的人以外，绝大部分的工人都没有参加普选的资格，这种制度引起了工人阶级的强烈不满。

1836年，伦敦工人协会成立。第二年，该协会向国会递交了一份请愿书——《人民宪章》，提出年满21岁的男子普选权、秘密投票、废除议员候选人的财产资格、议员支薪、设立平等的选区和议会每年改选一次6条要求。这场英国工人为争取普选权的运动也因此被称为“宪章运动”。

1838年5月，《人民宪章》公开发表。

1839年，125万人在这份请愿书上签了名。

时间
公元1836年－公元1848年
地点
英国

1840年7月，英国工人阶级成立了全国宪章派协会。该协会成立的目的是促使国会下院进行改革，让国会能够真正地代表全国公民的权益。宪章派协会在全国有很多分会，被恩格斯称为最早的工人政治组织。

1842年，受经济危机的影响，英国的宪章运动达到了高潮。

这一年的5月2日，伦敦城里挤满了向政府请愿的工人。全国宪章派协会的领袖又向国会下院递交了第二份请愿书。

工人们在请愿书上提出：国会下院的成员并不是由人民选举出来的，人民无法参加下院的事务。所以，下院只能使极少数人受益，对广大饱受苦难的群众却不闻不问。请愿书中还一针见血地指出，英国的统治阶级生活荒糜奢侈，被统治的人民却连最根本的温饱问题都解决不了。英国女王夫妇每天的收入，和工人的有着天壤之别。工人们认为，单单消灭某一种垄断，还是无法使劳动人民脱离贫困的境地。如果人民掌握了政权，必须断绝一切垄断和剥削的现象。

这份请愿书上有300万人签了名，人数占了英国成年男子的二分之一左右。该请愿书又一次要求国会下院将《人民宪章》所提出的几条要求列为国家法律。

知识链接

宪章运动是19世纪欧洲著名的三大工人运动之一。其他的两场运动是法国里昂的工人起义，及德意志西里西亚的纺织工人起义。三大工人运动虽然最后都遭到了政府的镇压，但标志着工人阶级作为独立的政治力量，已经登上了历史舞台。三大工人运动，还促进了马克思主义的诞生。

运动的意义

1848年，欧洲大陆的革命风暴，把英国的宪章运动又推向一个新的高潮。宪章派协会第三次上书请愿，指出是劳动创造了一切财富，对自己创造的劳动成果，劳动者应该享有优先权；一切权力都应来自人民。这份请愿书上，有197万人签了名。伦敦、利物浦等大城市的工人都举行了大规模游行示威活动。

工人们的行为，深深地触怒了英国政府。4月10日，全国宪章派的代表到国会递交请愿书，途中遭到了宪兵的野蛮镇压。这一次，国会干脆拒绝接受请愿书，政府还强迫宪章派协会解散。

坚持斗争十多年的宪章运动，最后却以这样的结局告终。可是，《人民宪章》中所提出的要求后来几乎全部实现了。因此，可以说宪章运动原则上还是胜利了。对宪章运动，列宁给予了高度评价，说它是“世界上第一次广泛的、真正群众性的、政治性的无产阶级革命运动”。

西里西亚纺织工人起义

在无产阶级革命浪潮席卷全球时，劳动人民纷纷响应号召投入到与资本家的武力斗争中来。1844年6月普鲁士王国西里西亚纺织工人的起义，就是这样一场斗争。

织的不是布，而是我们的诅咒

西里西亚是普鲁士王国最重要的工业纺织区，那里的工人在机房里从事最艰苦的工作，但收入微薄，甚至全家工作也换不来温饱。而资本家却依靠工人的血汗，过着醉生梦死的生活。尤其在西里西亚欧根山麓两个纺织村镇彼特斯瓦尔道和朗根比劳，这里的工人遭受的剥削最深，反抗情绪也最重。一首诗歌描述了他们对资本家的仇恨：德意志，我们在织你的尸布，我们织进去三重的诅咒——我们织，我们织！一重诅咒给那个上帝，饥寒交迫时我们向他

求祈；我们希望和期待都是徒然，他对我们只是愚弄和欺骗——我们织，我们织！一重诅咒给阔人们的国王，我们的苦难不能感动他的心肠，他榨取我们的最后一个钱币，还把我们像狗一样枪毙——我们织，我们织！一重诅咒给虚假的祖国，这里只繁荣着耻辱和罪恶，这里花朵未开就遭到摧折，腐尸和粪土养着蛆虫生活——我们织，我们织！

残酷的工作环境摧毁了工人们的身心健康，也让他们认清了资本家的罪恶本质。不甘心做奴隶的工人们，决定用斗争来为自己争取做人的权利。

起义怒潮

1844年6月，西里西亚纺织工人一边唱着《血腥的屠杀》：“我们全都知道，什么是你们的欲望，剥掉穷人最后一件衬衣，掏光他们的心肝五脏……”一边走过最大的工厂主茨文兹格尔的住宅。本来，这是一场和平的请愿方式，目的是想让资本家知道工人的处境，改善工人的生活条件，提高工人的工资水平。但茨文兹格尔哪里会理会工人们的正当要求，他命令手下抓住了几个工人，对他们进行毒打和拘留。资本家的暴行，点燃了工人们心中的怒火。忍无可忍的西西里纺织工人立刻行动起来，当天就捣毁了茨文兹格尔的住宅，发动了起义。6月5日，包括西西里的妇女和儿童在内，一共有3000名工人聚集在一起，他们烧毁账簿、契据和库房，捣毁工厂和机器。普鲁士王国政府得知消息，立刻派遣包括骑兵在内的武装部队进行镇压。西西里的工人们同前来镇压的反动军队展开了搏斗。经过3天血战，到6月6日，起义才被镇压下去。

一层油脂引发的革命

1698年，英国人吞并了印度的加尔各答，成立了东印度公司，并以此为基础，通过经济和武力手段侵占了整个印度，使印度完全沦为英国的殖民地。东印度公司的残酷统治激起了印度人民的反抗，令谁也想不到的是，一层油脂便引燃了革命的烈火。

灾难的开始

1698年的一天，清晨的阳光照耀在美丽的加尔各答村。村民看着一群外国人从恒河上岸，开始在村庄空地上搭建帐篷，制造出不协调的噪音。

村民们没有太多的好奇和惊讶，因为他们早就听说加尔各答已被政府给了英国人。他们还不知道，这些外国人将给他们带来无尽的灾难……

臭名昭著的东印度公司

吞并加尔各答的正是后来臭名昭著的东印度公司。东印度公司之所以选中加尔各答村，是因为它的周围盛产大米、黄麻，河流纵横交错，平原一望无边。东印度公司究竟是做什么的呢？其实，它拥有英国政府授予的各种权力，如垄断贸易权、训练军队权、宣战乞和权、设立法庭审判本国或殖民地居民权等。实际上，它是英国政府入侵印度的代理机构。

而东印度公司凭借贸易垄断，很快在加尔各答站稳了脚跟。为了更顺利地入侵其他地区，东印度公司在加尔各答修筑了一个巨大的堡垒，里面满是荷枪实弹、全副武装的英国军人。他们还训练印度本地人帮助他们打仗，那些受雇的本地人被称为雇佣军。

有了雇佣军的参与，东印度公司的实力越来越强，逐渐占领了马德拉斯和孟买。靠着经济和军事的入侵，东印度公司一路掠夺，到1849年底，印度已完全沦为英国的殖民地。东印度公司在印度疯狂进行殖民掠夺，抢劫了许多珍宝；他们还强迫印度农民种植鸦片和烟草，再走私运到中国销售，从中牟取暴利。

东印度公司残酷的压榨和掠夺，使印度人民遭受了无穷的灾难，起义的风暴开始慢慢酝酿。

一层油脂引发的起义

1857年初，在雇佣兵中开始流传这样一种说法：东印度公司用猪油或牛脂做润滑油涂在来复枪的子弹上。当时的枪，在装子弹之前，士兵必须用牙齿咬破弹壳。印度教徒和伊斯兰教徒生怕用嘴接触不纯净的动物脂肪，因而拒绝使用这些子弹。于是东印度公司宣称，这种说法是谣言，他们已经换了用蜡作润滑剂的新的子弹，但是印度士兵却对此有所怀疑。

1857年5月9日，85名印度士兵因拒绝使用子弹被判处10年苦役。5月10日，印度士兵爆发起义，释放了被判刑的士兵，并开始攻击欧洲人的居住区。

此后，印度民族起义风起云涌，人民开始勇敢地和英国殖民者做斗争。

知识链接

东印度公司在加尔各答村设立了贸易总部，把印度的粮食和工业原料源源不断地运回英国，从中获得丰厚的利润。

苏丹马赫迪反英大起义

19世纪，非洲依然处于西方列强的奴役之下，延续了几百年的黑奴贸易让非洲饱受摧残和耻辱。但是，非洲的人们一直在等待一个领袖出现，他们相信会有一个救世主能够带领他们摆脱苦难，走向自由。

以神的名义

1881年8月，苏丹境内骄阳似火的白尼罗河畔，一群伊斯兰教徒正在聆听马赫迪宣读教义。

马赫迪的真名叫穆罕默德·艾哈迈德。穆罕默德·艾哈迈德的父亲是一位造船工，由于家境贫寒，穆罕默德·艾哈迈德深深地体会到了社会下层人民所遭受的苦难。他从小就受到伊斯兰神学教育，长大后专门从事传教活动，谴责富人、官吏和侵略者。当时，苏丹遭到了英国及其附庸埃及的野蛮侵略。英国侵略军不仅霸占了土地，还随意设置苛捐杂税，对苏丹人民横征暴敛。

为了有效地团结苏丹人民共同抗英，经过认真准备，穆罕默德·艾哈迈德决定以马赫迪的名义领导人民起来斗争。

圣战打响

讲坛上的马赫迪一脸坚毅。他并没有讲那些艰深的宗教义理，而是历数无耻的英国侵略者在苏丹犯下的种种暴行和苏丹人民悲惨的生活景象。最后他大声疾呼："受苦受难的苏丹人民！让我们携起手来，赶走英国强盗，重建平等公正的新国家！"台下数千名伊斯兰信徒情绪激昂，振臂高呼："拥护马赫迪，赶走英国强盗！"

知识链接

在苏丹，马赫迪是个家喻户晓的名字。传说，马赫迪是神的使者，也是拯救人民于水火之中的大救世主。

而此时，危险正在靠近。英国侵略军听说这位马赫迪拥有如此非凡的号召力，便派出了一支部队赶往阿巴岛教堂，希望趁早扼杀这支初生的力量。马赫迪与他的信徒并不畏惧，利用地形沉着应战，击溃了英军部队。

初战告捷的马赫迪信心十足，驻扎在卡迪尔山，招兵买马，将队伍扩大到了5000人。这一举动再次震撼了侵略者。英军又派出一支讨伐军，企图偷袭马赫迪的营地。可足智多谋的马赫迪屡施奇计，将英军引入早已布下的包围网，以微小的代价全歼装备精良的英军。后来，马赫迪军成了一支让英军闻风丧胆的队伍。

解放苏丹

看到这种情况，英国政府派出刽子手戈登来到苏丹。狡猾的戈登一到苏丹，便讨好马赫迪，企图用官爵与金钱收买他。可马赫迪不为所动，反而劝说戈登弃械投降。恼羞成怒的戈登往英国发送了紧急求援电报，要求增加兵力，一举擒杀马赫迪。可马赫迪并没有给英军多少准备时间。他果断地攻占了喀土穆北部地区，断绝了戈登的退路。随后，他又亲率大军包围了戈登总督府所在地，也是苏丹的首都喀土穆。马赫迪并没有强攻这座孤城，只是死死地将其围困，断绝喀土穆与外界的任何来往。城内弹尽粮绝，军心涣散。这时，马赫迪率领潮水一样的起义大军冲进首都喀土穆，消灭了故土上的最后一队侵略者，解放了自己的国家。

持续4年的马赫迪抗英大起义终于画上了完美的句号。苏丹人民终于结束了被奴役、被压迫的悲惨生活。

1848年欧洲革命

时间
公元1848年—公元1849年
地点
欧洲

1848年欧洲革命主要是指发生在法国、德意志、奥地利、意大利、匈牙利等欧洲国家的资产阶级民主民族革命，这些国家的革命对欧洲的政治进程产生了深远的影响。

意大利点火，法德跟进

革命最先在意大利爆发，随后在法国掀起高潮。

法国爆发的原因在于复辟的波旁王朝的腐败，拒绝任何经济和政治的改革。1848年2月22日，巴黎群众举行游行示威，并冲击了总理官邸。第二天，游行群众占领了兵营和兵器库，并向王宫进攻。国王逃往英国，资产阶级窃取了胜利的果实，宣布成立临时政府，并宣布成立法兰西第二共和国。

获胜的资产阶级对革命

的主力军无产阶级采取高压政策，下令解散国家工场，把工场中的工人编入军队或赶到外省做苦工。巴黎无产阶级被迫举行了六月起义，但起义被镇压。资产阶级开始了统治法国的时期，并在12月10日选举路易·波拿巴·拿破仑为总统。可惜好景不长，3年后波拿巴发动军事政变，并在1852年自封为法兰西皇帝，建立了法兰西第二帝国。

1848年前，德意志是一个四分五裂的邦联——德意志邦联由35个邦和4个自由市组成。为了发展资本主义，南部的巴登公国在1848年2月首先发难。随后，德国西部和西南诸邦，相继成立了资产阶级自由派内阁政府。

到了3月，革命波及首都柏林，并迫使国王把军队撤出柏林，同意召开有资产阶级参加的议会，柏林三月革命的胜利果实落入大资产阶级手中。德意志各邦革命的胜利，并没有解决德意志的统一问题。资产阶级以解决德意志统一为名，于5月18日在美因河畔的法兰克福召开国民议会。议会确立了某些自由、民主权利，却向国王表示了屈服。于是，普鲁士国王抓住机会，镇压了革命。

奥地利、匈牙利积极响应

1848年欧洲革命前，奥地利仍是一个多民族的封建专制国家，也是一个大帝国。在法国二月革命的影响下，1848年3月13日，奥地利首都维也纳爆发了推翻梅特涅政府的示威游行，示威群众筑起街垒与政府军展开战斗。限令奥皇立即解除梅特涅的职务。在人民的压力下，首相梅特涅男扮女装，逃往国外，奥皇被迫让步，于3月17日改组内阁。4月25日颁布帝国宪法。但新内阁继续推行反人民的政策。不满的人民于5月15日和26日再次起义，迫使奥皇及其皇室逃出维也纳。十月，维也纳起义失败。

在维也纳革命的影响下，1848年3月15日，处在奥地利统治之下的匈牙利在革命者、诗人裴多菲领导下，通过了实行资产阶级改革的政治纲领。革命群众很快就控制了整个首都，成立了公安委员会。内外交困的奥皇被迫同意成立匈牙利责任内阁，并于3月17日授权资产阶级化贵族温和派组阁。但由于维也纳十月起义的失败，奥皇得以能调集军队向匈牙利进攻。1849年1月5日，首都佩斯陷落。但不久革命的匈牙利军队展开反攻，连续取得胜利。并在4月14日由匈牙利议会通过《独立宣言》，废除了王朝的统治，宣布匈牙利独立。为了镇压匈牙利革命，欧洲宪兵俄国于5月27日出动14万大军入侵匈牙利。结果，匈牙利军队被打败，匈牙利革命最终失败。匈牙利革命的失败标志着欧洲1848年革命告终。

知识链接

裴多菲是个为自由而战的战士、诗人，他著名的格言是：生命诚可贵，爱情价更高，若为自由故，二者皆可抛。

“现代游击战之父”加里波第

在意大利，加里波第的声望很高，人民不允许对他有任何的诬蔑。1879年，一个叫乔万尼·吉诺·费兰佐纳的记者曾写了两本册子，册子的名字叫《加里波第的政治色彩》和《忘恩负义的加里波第》，结果该记者后来被人刺死。

早年的坎坷

加里波第是意大利杰出的军事家。少年时期，加里波第曾随父亲当水手，游历了欧洲的很多地方。由于长期受到爱国思想的熏陶，加里波第立志要把祖国从奥地利的手中解放出来。

他积极地参加意大利海军，准备组织起义。但是他们的行动遭到了奥地利总督的打击，加里波第只好逃到南美洲避难。后来，又由于参加巴西的独立战争，加里波第被迫流亡乌拉圭。

独立战争

1843年2月16日，阿根廷军队包围了乌拉圭首都蒙得维蒂亚，各国的侨民纷纷团结起来，准备对抗阿根廷。

刚开始，意大利人组成的军团自由散漫，蒙得维地亚当局不得不请加里波第出山来指挥他们。就是这样一支曾经被人嘲笑的军队，在加里波第的训练下，变成了一群勇敢善战的“猛狮”。他们反攻并占领了阿根廷的巴拉那河上游的萨尔托城，取得了重大的胜利。

1847年4月15日，加里波第率领意大利军团起程回国，并参加了第一次独立战争，但战争最后以失败告终。

1859年5月，法国和撒丁王国联合对奥地利开战，意大利第二次独立战争爆发。尽管战争半途而废，但意大利迈出了统一的关键一步。1860年4月，意大利最顽固的封建堡垒——两西西里王国也出现了革命的征兆，加里波第决定组织志愿军去支援当地人民，彻底摧毁封建统治。他当时率领的军队就是历史上著名的“千人军”（又称“红衫军”）。

两西西里王国是意大利最古老也是面积最大的王国，国内政治腐败、民不聊生，国王弗朗切斯科二世专横无能。在不到12天的时间里，加里波第就占领了两西西里王国的大片国土。王国军队大多不战而降，胜利震惊了欧洲。沃尔图诺河大战后，弗朗切斯科二世保住王位的最后希望也化为泡影。

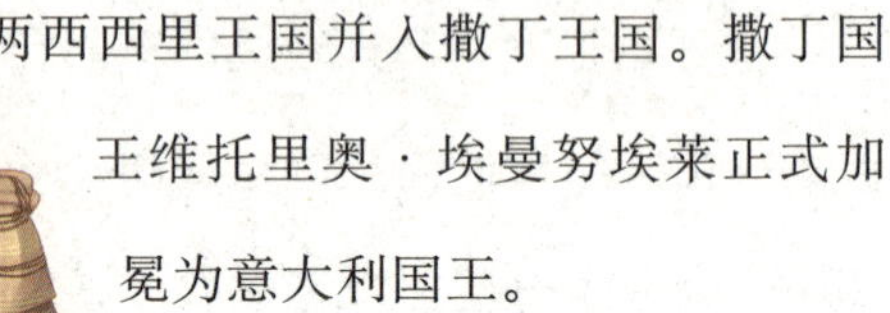

两西西里王国并入撒丁王国。撒丁国王维托里奥·埃曼努埃莱正式加冕为意大利国王。

随后，加里波第开始积极筹划向罗马和教皇国进军，但他的爱国热情与政府格格不入，双方矛盾激化。意大利政府见加里波第执意要攻克罗马，就使用武力抓住了他。但是由于无法对其审判，只好又把他放了。

1870年7月，普鲁士王国和法国爆发了战争，法王拿破仑三世只好撤回驻罗马法军。9月2日，法军打了败仗，拿破仑三世成为阶下囚。意大利政府不再担心法国的干涉，就派6万大军日夜兼程，准备夺取罗马。9月20日，加里波第率部下和政府军同时开进历史名城罗马，意大利统一大业终于完成。

万人敬仰的英雄

在三次独立战争中，加里波第指挥若定，多次打败兵力上占优势的敌军，取得辉煌战绩。他善于开展游击战，为意大利统一做出了巨大的贡献，被后人称为“现代游击战之父”。他在军事实践中创立的一整套战略战术，是意大利乃至全世界人民宝贵的精神财富。

为南美洲独立奋斗终生

他被称为“南美洲的解放者”，秘鲁、智利、阿根廷三国的“祖国之父”和“自由的奠基人”“南方的华盛顿”。为何他会被赋予如此多的赞誉呢？让我们来了解一下为南美洲独立而奋斗终生的圣马丁吧。

充满正义感的少年

1778年，他降生在阿根廷的亚佩尤。他出生时，阿根廷还处在西班牙贵族的统治下。那些贪婪的贵族为非作歹，横行无忌，阿根廷百姓生活悲惨。

8岁那年，他亲眼看到邻居家的柏安娜大姐吊死在自家门口，因为在新婚前夜，她遭到了一个贵族的侮辱。他很伤心也很愤怒，于是求助在亚佩尤当副都督的父亲。但父亲含泪告诉他，这是贵族们享有的特权，他们无法改变。从那时起，这个内心充满正义感的少年就发誓要改变这一切，要赶走西班牙贵族，建立独立自由的阿根廷。这个少年就是何塞·德·圣马丁。

时间

公元1778年－公元1850年

地点

阿根廷

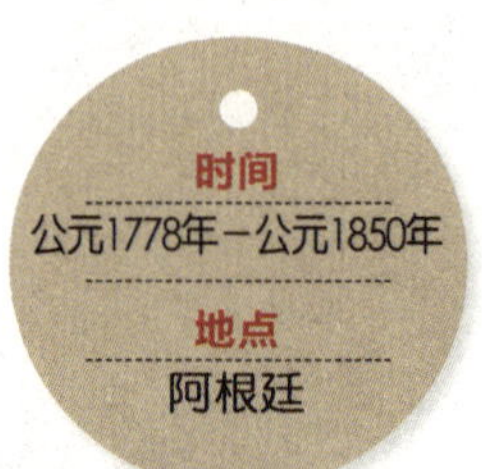

为南美洲独立奋斗终生

1785年，圣马丁走出阿根廷，前往西班牙的马德里求学。在3年时间里，圣马丁博览群书，有了更远大的志向。他曾在日记中写道：“南美洲，这块美丽的土壤，它的子民是多么的悲惨，我必将燃烧我的心，为南美的解放奋斗终生……”1789年7月，圣马丁进入西班牙穆尔西亚步兵团，成为士官生。1808年以后，在西班牙抗击拿破仑一世侵略的民族战争中，圣马丁屡建功勋，被晋升为少校。

1812年初，圣马丁返回祖国投身革命。从此，他开始了为南美洲解放奋

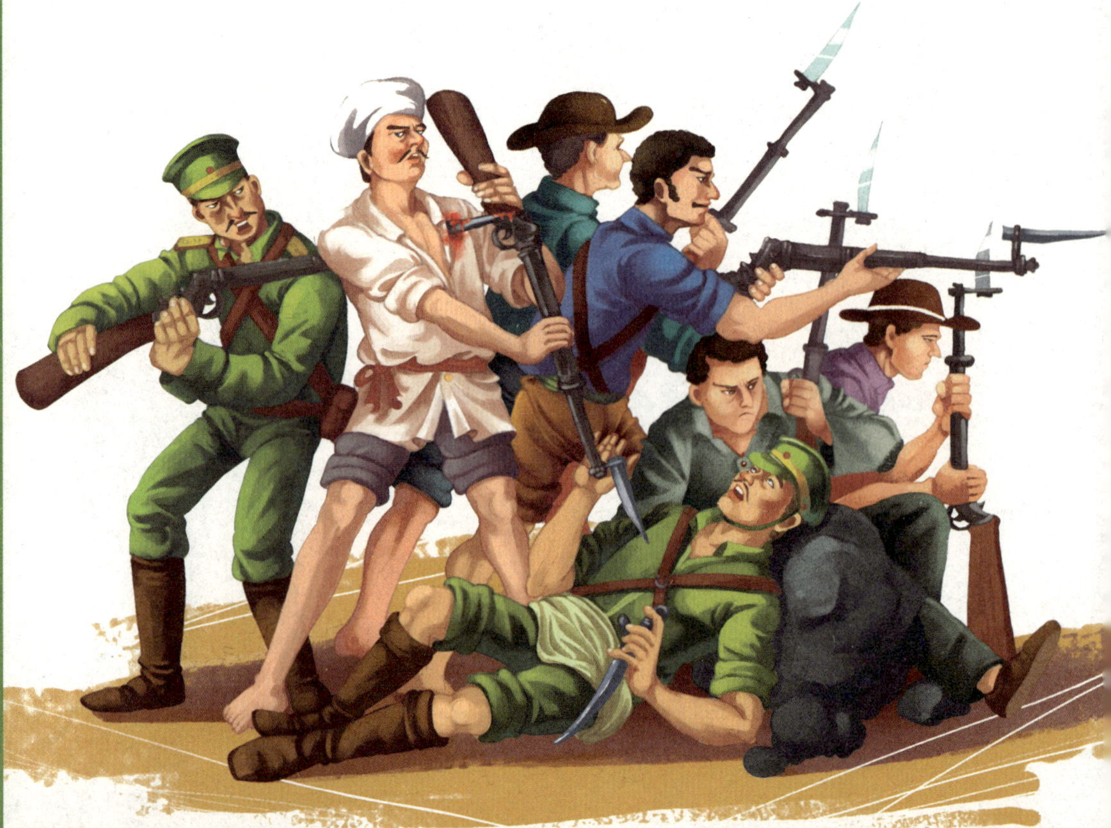

斗终生的征程。

知识链接

圣马丁无私、善良的手，轻轻揩干美洲母亲的泪水，给母亲带来自由与民主、独立与欢乐，消除了母亲300余年的痛苦与伤悲！丰功伟绩如激动人心的春雷。何等值得自豪啊，祖国纯洁高尚的儿子！南美永远盛开的蓓蕾——圣马丁，最能使你万古不朽的，还是你急流勇退！

一个在历史上几乎无双的灵魂

1817年初，圣马丁率领远征军5000人翻越3700多米的安第斯山，出其不意地进攻智利的西班牙守军，并彻底击溃了敌人。这使南美洲解放战争由战略防御转入战略进攻。第二年2月，智利宣布独立。

不久，圣马丁又组织力量，组建了一支规模不大的海军，从海上向秘鲁进军，因为秘鲁是西班牙在美洲最为坚固的殖民地。1821年 7 月，圣马丁率军进攻利马，一举成功，利马解放，秘鲁也宣布独立。圣马丁由于做出了巨大贡献，被秘鲁共和国推为“护国公”。

之后，圣马丁在秘鲁“第一届国会”上，郑重而严肃地宣布辞去国家首脑和军队统帅的职务，不再拥有任何权力。他取下了他身上象征权力与最高荣誉的两色绶带，前往欧洲隐居。

圣马丁把自己的毕生精力都投入到了南美洲的解放战争之中。他受到了全世界人民的赞扬，人们称他为“一个在历史上几乎无双的灵魂”！

拉丁美洲革命的领袖

玻利瓦尔年少时立志要把欧洲殖民者赶出拉丁美洲，长大后，他百折不挠，终于实现了自己少年时代的理想。

贵族子弟却是平民英雄

玻利瓦尔出生于委内瑞拉的一个大地主家庭，当时，整个南美洲大陆都被以西班牙为首的欧洲国家统治着。玻利瓦尔年轻的时候，就到欧洲留学，游历了西班牙、法国、意大利等国家，接受自由思想的启蒙，并在法国参加了拿破仑登基典礼，成为拿破仑的随从官，跟随拿破仑参加了一系列的对外战争。1806年，玻利瓦尔离开法国，回到了祖国委内瑞拉，决心把南美洲大陆从欧洲殖民者手里解放出来。

由于西班牙等殖民者力量强大，玻利瓦尔参与的革命都失败了，为此，他不得不流亡于牙买加、海地等国家。在海地，玻利瓦尔得到了海地总统佩蒂翁的大力支持，佩蒂翁送给玻利瓦尔7

知识链接

玻利瓦尔渴望建立一个像美国一样的南美洲联邦民族政府，并为此做了种种努力。可惜，他的努力没有收到效果，所建立的大哥伦比亚共和国也很快陷入内战而分裂。

艘船和大批武器弹药。玻利瓦尔深受鼓舞，决心不仅要解放委内瑞拉，还要解放新格兰纳达（现在的哥伦比亚）、厄瓜多尔、秘鲁等被西班牙人奴役几百年的地区。他坚信只要南美洲大陆上的人民团结起来，就一定能够取得最后的胜利。

英雄的成就

1819年5月，玻利瓦尔率领2000名革命军战士，突然翻越了南美洲安第斯山，出现在哥伦比亚平原。玻利瓦尔的出现，让西班牙殖民者猝不及防，西班牙殖民者很快就被他打得落花流水。随后玻利瓦尔乘胜进军哥伦比亚首府波哥大，在波哥大，虽然遭到西班牙守军的顽强抵抗，但玻利瓦尔还是击溃了西班牙军队，解放了哥伦比亚全境。借着胜利之光，玻利瓦尔率军直捣黄龙，在很短的时间内就以强大的攻势横扫整个委内瑞拉，直取其首都加拉加斯，成功夺得委内瑞拉。随后，玻利瓦尔没有停留，又率军解放了厄瓜多尔。至此，南美洲大陆西北部地区都获得了解放，在玻利瓦尔的倡议下，新格兰纳达、委内瑞拉、厄瓜多尔共同成立了“大哥伦比亚共和国”，玻利瓦尔被选为总统和最高统帅。展望未来，玻利瓦尔充满信心：“不打碎西班牙殖民者束缚我的祖国的枷锁，我的心将不安宁。我的手将不倦地打击敌人！”成为最高统帅的玻利瓦尔在接下来的时间里，多次率领革命军出击藏匿在厄瓜多尔和委内瑞拉境内的殖民军残余势力，经过不懈的努力，南美洲北部宣布彻底解放。1824年，玻利瓦尔率军和西班牙殖民军在秘鲁东部进行决战，最后以巨大的代价取得了胜利。为了纪念玻利瓦尔的功勋，这块土地被命名为玻利维亚。玻利瓦尔成为名副其实的“南美洲解放者”。

太平天国是中国近代反对清代封建统治和外国资本主义侵略的伟大农民战争及其所建立的政权。

上帝来到中国

自1840年腐朽的清政府在鸦片战争中战败以后，基督教就和其他西方产品一起输入到了中国。广东人洪秀全在科举考试失败后，偶然从一本宣传基督教的小册子里接受了基督教的基本思想。由于对现实的极度不满，洪秀全信仰了基督教，并通过自己的理解，把基督教进行了改造，宣称自己是上帝的第二个儿子，由此创立了“拜上帝教”，并吸收了亲戚冯云山和洪仁成为最早的成员。为了宣传“拜上帝教”，洪秀全和冯云山一起捣毁了家乡的神庙。这一行动惹恼了家乡的士绅，他们运用族群的力量，把两人赶出了家乡。

洪秀全和冯云山离开家乡，来到广西传教。在广西，他们结识了当地的豪杰杨秀清、肖朝贵和石达开等人。为了聚集起义的力量，洪秀全再次修改了教义，宣布杨秀清、肖朝贵、冯云山等人和自己一样，都是上帝的儿子，是被派下凡来拯救天下百姓的，还说加入“拜上帝教”的人都是兄弟姐妹。由此，广西地区加入“拜上帝教”的穷苦百姓越来越多，很多人都是全家一起加入，“拜上帝教”的规模越来越大。洪秀全等人非常高兴，觉得起义的时机已经成熟。1851年1月11日，洪秀全在广西桂平金田村发动并领导起义，自封“天王”，建号太平天国。

成就霸业

起义之后，洪秀全带领全军北上。在湖南，围困长沙，并吸引了一大批有战斗力的矿工加入起义队伍；后转战湖北，攻下了省城武昌，然后挥师顺江直下，胜利到达南京。一系列的胜利，让洪秀全冲昏了头脑，进取心逐渐减弱，放弃继续北上攻打清政府老巢北京的计划，决定改南京为天京，作为太平天国的首都。在南京，太平天国打败了清政府设下的江南、江北大营，解除了外部威胁；又派石达开率军西征，打败了湘军统帅曾国藩，扫清了太平天国的外围，还颁布了《天朝田亩制度》，宣布要建立一个人人有衣穿、有饭吃的新社会。太平天国进入鼎盛时期，天国的领袖们开始过起了醉生梦死的天堂般的生活，成为了清政府的心腹大患。但不久之后，被奢侈生活腐化了的太平天国的领袖们忘记了自己周围还有凶恶的敌人存在，开始了争权夺利的内耗。先是杨秀清逼洪秀全封自己当万岁，惹起洪秀全的不满，被洪秀全设计，连同他的两万多名勇猛的部下一起杀死。后来，太平天国最能打仗的石达开也被洪秀全逼走，太平天国陷入了分裂状态，力量严重削弱。而清政府也借机喘过气来，重新聚集力量，开始对太平天国进行军事围剿。

太平天国的失败

危急关头，洪秀全在军事上开始提拔年轻的将领应对危局，陈玉成和李秀成成为最杰出的代表，并带领太平军再次打破了清军的包围；在政权的建设上，洪秀全封族弟洪仁 为干王，颁布《资政新篇》，在“用人”“设法”两个方面效仿西方，进行政治、经济、文化方面的变革。只是由于太平天国本身历史条件所限，这一计划未能付诸实施。也许是以前的教训让洪秀全不敢相信自己的将领，不是大权独揽，就是只信任自己的亲戚，造成太平天国内部凝聚力消散；再加上清政府同外国反动派联合起来，共同绞杀太平天国，使洪秀全内外交困。在交战中，将领陈玉成牺牲，战略要地安庆也失陷，太平天国的领土范围在敌人的围剿下越来越小，最后，连首都天京也被包围了。在最后的关头，洪秀全拒绝突围的建议，选择死守南京。面对清军的重重包围，英勇的太平天国将士没有屈服，洪秀全自杀，太平天国将士也和清军血战到了最后一人。

虽然，太平天国没能推翻清朝的腐朽统治，但起义的风暴却极大地动摇了清政府的统治基础，鼓舞了后来的革命者前赴后继，为推翻封建帝制做出了自己的贡献。

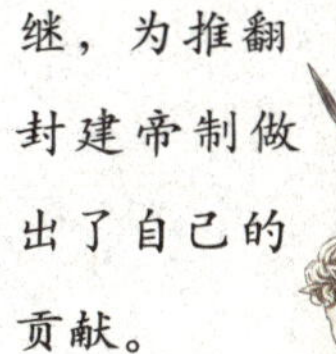

第 10 章

曙光渐渐来临

面对黑暗，我们没有害怕，更没有倒下。在正义面前，邪恶终将被打败。俄国农奴制改革、日本明治维新、革命导师马克思和恩格斯，用行动证明了光明即将来临。

“铁血宰相”俾斯麦

奥托·冯·俾斯麦是德国近代史上一位举足轻重的人物。作为普鲁士德国容克资产阶级的最著名的政治家和外交家，他是自上而下统一德国的代表人物。

世家子弟，铁血性格

俾斯麦于1815年4月1日出生于普鲁士勃兰登堡阿尔特马克雪恩豪森庄园一个大容克贵族世家。幼时受过良好的教育，掌握英语、法语、俄语、波兰语和荷兰语等多种语言，成为一个多语言的天才，并为其日后的外交官生涯打下了基础。但在大学期间，俾斯麦无心向学，并染上很多恶习，经常腰间佩剑，并牵着一只大狼狗。因为性格上的争强好胜，他曾与同学做过27次决斗，竟然毫发无伤。

毕业后，遵循贵族传统，他来到军队服兵役。从军队退役之后，他回到家乡当上了庄园主人，经营庄园经济。可是他并不满意这种生活，很快又进入政坛。

1862年6月，俾斯麦出任普鲁士的宰相兼外交大臣。同年9月，在普鲁士议会的首次演说中，他大声宣称：“德国所注意的不是普鲁士的自由主义，而是权力。普鲁士必须积聚自己的力量以待有利时机，这样的时机我们已经错过了好几次。当代的重大问题不是通过演说与多数人的决议所能解决的，而是要用铁和血。” 这就是“铁血宰相”的由来。

俾斯麦的“铁和血”，是他统一德国的纲领和信条。俾斯麦正是凭借这种暴力信条，大胆而又狡猾地利用国际纠纷和有利时机，决定性地使德国通过“自上而下”的道路统一起来。

铁血统一之路

作为德国的近邻丹麦，经常插手德意志的事务，因此俾斯麦第一个便要解决丹麦。

1861年，俾斯麦制造争端并与奥地利结盟共同攻打丹麦，最后和奥地利共同瓜分了丹麦边境的石勒苏益格和荷尔斯泰因两地。但随后不久，俾斯麦为了将来德国的统一，决定将奥地利赶出德意志邦联，于是在1866年7月3日，以29.1万军力在萨多瓦与23.8万奥军发生大战，即萨多瓦会战，最后奥军战败。

普奥战争结束后，妨碍德国统一的就只剩下在背后控制着南德诸邦的法国了。

知识链接

成为首相的俾斯麦被冠上了“铁血首相”的绰号。国王对俾斯麦说：“我很清楚结局，他们会在歌剧广场我的窗前砍下你的头，过些时候再砍下朕的头。”俾斯麦回应道：“既然迟早要死，为何死得不体面一些……无论是死在绞架上抑或死在战场上，这之间是没有区别的……必须抗争到底！”从此，国王和他之间形成了十分特别的牢固关系。

1870年9月17日，在俾斯麦的挑动下，法国向德国宣战。骄横的拿破仑三世吹嘘说这只是一次“到柏林的军事散步”。可惜，他碰到的已不是昔日的普鲁士，而是一个比较强大的、坚决反对分裂的德意志民族。

1870年9月2日，德军在色当战役取得对法国的决定性胜利，生俘了拿破仑三世。

至此，统一德意志的障碍已除，德国的民族战争的任务已经完成。俾斯麦驱兵直入巴黎。

1871年1月18日，德国的统一，成立了德意志帝国。俾斯麦也同时出任德意志帝国的宰相。

色当战役

色当战役是普法战争中的一次重大战役，使德国最终完成了统一，也成就了“铁血宰相”俾斯麦一生最辉煌的事业。

各怀心机的德法首脑

普奥战争结束后，普鲁士日渐强大，但紧靠法国南部的4个小国仍然没有被俾斯麦统一，而俾斯麦是下决心要统一除奥地利以外的所有德意志的国家。这4个小国紧靠法国，法国也早怀有吞并之心，一旦普鲁士强行占领，法国岂会善罢甘休？更何况，法国离德国最近的阿尔萨斯和洛林两地区，矿产资源丰富，俾斯麦早就瞄上了它们。

对于正处高峰时期的俾斯麦来说，找个借口与法国打一仗，既统一了南部四小国，又占领了阿尔萨斯和洛林，这是再合适不过了。可是与法国开战的机会迟迟未到，俾斯麦等得手痒痒。而法国的拿破仑三世是个政治阴谋家和军事冒险家。1848年法国革命失败后，他窃取了法兰西第二共和国的总统大权，又于1851年12月发动政变，恢复帝制，建立了历史上的法兰西第二帝国。

拿破仑三世是个独裁、残暴、狂妄之徒，总希望通过战争称霸欧洲。这样一个人，当然不会坐视普鲁士的强大而不顾。他曾露骨地表白：“德意志不该统一，应分成三部分，南北德国应该对立起来。这样法国才可以从中得利。”这样普法双方各怀鬼胎，开始了明争暗斗，都在寻找挑起战争的契机。

既然双方都想打仗，借口就很容易找了。普奥战争刚结束，拿破仑三世就派人要求普鲁士兑现战前许下的诺言，要求普鲁士同意法国侵占比利时和卢森堡，并婉言提起德意志南部四小国的领土划分问题。俾斯麦当然不会同意。不过他使了个心眼儿，没有明确予以拒绝，而是要求法国把这事写成备忘录。然后他把备忘录送给了同样想称霸欧洲的英、俄，试图挑起英、俄与法国的矛盾。拿破仑三世知道了俾斯麦的做法，火冒三丈，决心与普鲁士决一雌雄。

法国惨败

1870年7月19日，法国宣布对普鲁士开战。不可一世的拿破仑三世说：“我们这只不过是到普鲁士做一次军事散步！”

战争开始时，拿破仑三世充满了信心，把号称40万的大军调到前线，准备采用先发制人的策略，一举攻入德意志境内，打败普鲁士。于是他自封司令，在7月28日到前线视察。可是当他到前线后却发现，前线只有20万军队。军事要塞麦茨的兵力不足10万，而且装备不齐，物资不足，编制混乱。作战命令已经下达了，不少官兵还未找到自己所属的部队，根本无法投入战争。就这样，战机一个个失去了。

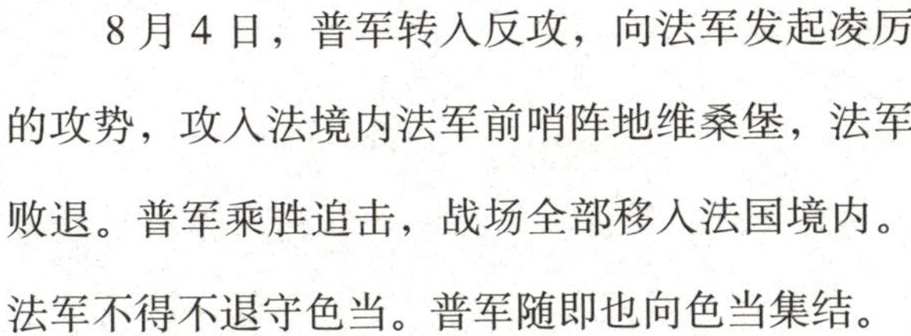

8月4日，普军转入反攻，向法军发起凌厉的攻势，攻入法境内法军前哨阵地维桑堡，法军败退。普军乘胜追击，战场全部移入法国境内。法军不得不退守色当。普军随即也向色当集结。

9月1日，色当会战开始了。普军700门大炮猛轰法军营地，炮弹像雨点一样落向法军阵地。色当全城一片火海，硝烟弥漫。法军死伤无数，余下的急忙钻进堡垒。麦克马洪几次受伤。接着，普军20万人向色当发起猛攻。下午3时，法军终于支撑不住，在色当城楼举起了白旗。拿破仑三世、法军元帅以下的39名将军，10万士兵全部做了普军的俘虏。650门大炮也被普军缴获。

1871年1月28日，普法签订《巴黎停战协定》，宣布法国投降。

知识链接

在临投降时，拿破仑三世还向普鲁士国王写了一封投降书，无耻地说：“我亲爱的兄弟，因为我未能死在我的军中，所以我只得把自己的佩剑献给陛下。我希望继续做陛下的好兄弟，拿破仑。”

法国3月18日武装起义

1871年3月18日，巴黎无产阶级进行了一次武装斗争，旨在推翻资产阶级的统治和压迫。这次武装斗争拉开了无产阶级推翻资本主义制度的序幕，这就是法国3月18日武装起义。

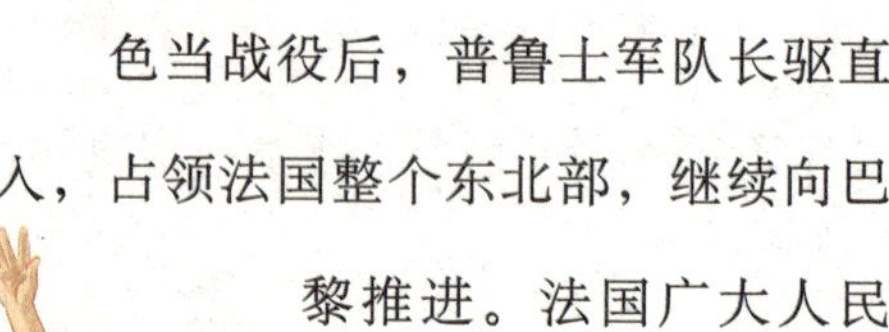

人民的意愿

色当战役后，普鲁士军队长驱直入，占领法国整个东北部，继续向巴黎推进。法国广大人民群众坚决要求武装抵抗普鲁士的侵略，而自称“国防政府”的资产阶级临时政府，却害怕武装起来的巴黎人民威胁自己的权益，加快了投降

的步伐。不久就签订了卖国条约。

如此一来，法国被全面解除了武装，并且还要赔偿普鲁士50亿法郎，将阿尔萨斯全省和洛林省的一部分割让给普鲁士。这使法国人民感受到了莫大的侮辱。巴黎工人组成国民自卫军，开始武装保卫祖国。但是，求和派头目梯也尔为了使当权政府向普鲁士投降，在1871年3月17日晚上偷偷举行了秘密会议，商讨解除国民自卫军武装力量的办法。梯也尔会议结束后就开始部署军队，强行占领了国民自卫军的停炮场、工人居住区和交通要道。在此危急时刻，国民自卫中央委员会决定以武力还击反动政府，一场无产阶级和资产阶级之间的生死搏斗开始了。3月18日，人们从四面八方冲入市中心，经过浴血战斗，国民自卫军拿下了政府军参谋部、警察局、巴黎圣母院等据点，然后迅速展开反扑，反动政府的军队猝不及防，迅速溃败。到了晚上8点钟，国民自卫军领导人瓦尔兰、别尔热尔和阿尔诺德所率领的队伍攻向市政厅，没过多久就攻破大门，占领了市政厅。当鲜红的军旗在市政楼顶随风起舞的时候，巴黎人民武装起义宣告成功。

历史的壮举

兵败之后梯也尔逃到凡尔赛，手中仅有不足1万残兵。为了反扑，夺回统治权，梯也尔开始集合反动政府军的散兵游勇，并请求俾斯麦释放政府军战俘。经过一系列措施，梯也尔重新拼凑出一支军队向巴黎进军。此时，巴黎陷入了各方敌军的重重包围，一边是梯也尔从凡尔赛出发的反动军，一边是15万普鲁士大军，巴黎公社的生死存亡岌岌可危。5月21日下午，梯也尔率军从对克卢门攻入巴黎，为了力保巴黎公社，巴黎的无产阶级民众积极响应，无论老幼病残，全都拿起武器共同抵抗来自四面八方的敌人，他们在街道上筑起街垒，点燃大火，一场惨烈而举世闻名的大战开始了。到了22日拂晓，约10万敌军进入巴黎市区，并占领了大部分重要设施。25日，公社战士在塞纳河畔与敌军发生激战，直至弹尽粮绝，没有弹药的公社战士举着大刀就冲了出去，与敌军展开肉搏战。27日，敌军已经占领巴黎绝大部分地区，并且开始围攻最后的两个工人区。公社战士浴血奋战，虽然在人数和装备上占绝对的劣势，但他们视死如归，毫不退却。在拉雪兹神父墓地，200名热血战士与拥有5000人的凡尔赛反动军队进行了惨烈的肉搏，终因寡不敌众，被俘的战士在墓地的一堵墙下遭到屠杀。这堵墙就是永远为世界无产阶级纪念的“公社社员墙”。28日下午4点，公社战士坚守的最后一个街垒被攻克。巴黎人民武装起义失败。占领巴黎的反动军四处屠杀公社战士，据统计，共有7.29万人在作战中牺牲，接近3万军民被反动军枪杀，另外还有超过6万人被流放或者抓进监狱。

俄国1861年农奴制改革

19世纪的俄国，农奴制严重阻碍了俄国资本主义的发展，而沙皇不断强化农奴制，导致阶级矛盾尖锐，农奴起义不断。这些都表明，农奴制度在俄国已经走入了死胡同。

严峻的国内形势

19世纪上半叶，资本主义因素在俄国农奴制社会内部逐步发展起来。商品经济有了很大的发展，而自给自足的自然经济日趋瓦解，资本主义发展要求打破农奴制的束缚，改革的内在要求日趋强烈。

1853年到1856年克里米亚战争的失败，彻底暴露了农奴制度的腐朽性。战争的失败使俄国内外交困、民怨沸腾，进一步加深了封建农奴制的危机，阶级矛盾进一步激化，从而加速了农奴制的废除。

在农民反抗运动的推动下，具有资产阶级革命思想的革命民主主义者同自由主义者在解决农民问题上展开了论争。自由主义者提出在保存沙皇政权、不触动地主土地所有制的情况下，废除农奴制度。而革命民主主义者主张彻底废除农奴制度，推翻沙皇统治。当时革命形势的发展，大有演变成以革命方式废除农奴制的趋势。但由于当时俄国没有形成足以推翻农奴制度和专制制度的革命力量，结果代表贵族地主利益的沙皇政府，为保存摇摇欲坠的封建农奴制度和贵族地主的政权，被迫进行了自上而下的改革。

1856年3月30日，沙皇亚历山大二世在召见莫斯科贵族时，说明了改革的必要性，承认“从上面解决要比从下面解决好些”。俄国的农奴制度走到了终点。

改革的影响

1857年1月3日，沙皇政府成立了农民事务秘密委员会。参加委员会的大多数为大贵族地主，他们并不热心改革，委员会没有解决任何问题，而只是维护了他们的利益。对此，失望的农民以暴动做出了回答。在此形势下，沙皇政府被迫做出了一定的让步来满足农民的要求。1861年，沙皇亚历山大二世签署了废除农奴制的法令，规定农奴在法律上有人身自由，有权拥有财产、担任公职和经营工商业，地主不能买卖农奴和干涉农奴的生活；规定土地仍然归属地主所有，农奴可以得到一定数量的份地，但必须出钱向地主赎买。

农奴制改革以后，俄

知识链接

在农奴制下，俄国农业耕作的方式很原始，农奴使用古老的木犁耕作，农奴大都目不识丁，生活十分贫困，乡居地主愚昧粗鲁，不求进取，整日浑浑噩噩，无所事事。

国进入了资本主义阶段。可是，由于统治阶级实行的这次改革是很不彻底的，因而不可避免地保留了封建农奴制残余。首先，改革既没有改变封建专制政权的阶级实质，也没有改变地主土地占有制。贵族地主继续掌握着国家政权，照旧控制着大量土地。其次，工役制农奴经济是封建农奴制残余的另一表现形式。

尽管如此，1861年农奴制度改革毕竟加速了俄国资本主义的发展，在一定程度上使生产关系与生产力相适应，使资本主义在国民经济许多部门中得以确立。俄国开始出现了一个新的社会经济状态。所以列宁认为，“1861年2月19日，标志着从农奴时代中成长起来的新的资产阶级的俄国的开端”。

日本明治维新

历史上的日本，也曾经是一个饱受西方列强欺凌的弱小国家。19世纪中期，日本各阶级共同推翻了掌握着国家政治大权的德川幕府。随后，明治天皇实行了一场影响十分深远的政治、社会改革，即著名的“明治维新”，使日本迅速成为世界强国之一。

倒幕运动

19世纪中期的日本还是一个落后、闭塞的封建国家，政治大权掌握在德川幕府手中，日本天皇几乎成了一种摆设。德川幕府的专横统治，引起了日本百姓的强烈怨愤。

当时的日本，一些地方已经出现了手工业，手工业作坊主雇用工人，实际上已经是资本主义的生产关系。德川幕府作为封建地主阶级的统治集团，所推行的政策，对这些新兴的资产阶级十分不利，所以他们迫切地需要进行社会制度的改革。

日本的西南部藩地领主及武士本身也带有资产阶级性质，出于共同的利益，他们和这些商人结成同盟，将斗争的矛头指向了德川幕府。仇视德川幕府的农民阶级也加入他们的阵线，共同形成了一股“倒幕”力量。

1853年，美国海军的舰队开进了日本江户湾（今天的东京湾），要求和日本政府进行谈判。这就是历史上的“黑船事件”。

1854年，德川幕府被迫和美国签订了不平等条约《日美亲善条约》。这个举动激起了日本全国上下的公愤，使德川幕府更成了日本全国的公敌。推翻德川幕府，更是刻不容缓了。

倒幕力量主要集中在长州、萨摩等地。1865年初，长州和萨摩的倒幕组织暗中结盟，准备讨伐德川幕府。这时入侵日本的英国也表态支持倒幕派。

为了维护自己的统治，1866年，德川幕府出兵征讨长州，却遭到了各方倒幕力量的痛击，最后不得不撤出长州。

1867年，新即位的明治天皇下密令征讨德川幕府。11月，幕府将军德川庆喜假惺惺地表示将政权交还天皇，却一边在大阪密谋叛变。1867年，明治天皇下诏废除幕府，命令德川庆喜交出官职和领地。可德川庆喜公然抗令。1868年1月，天皇军和幕府军在京都附近发生激战。这场战役中天皇军兵力明显少于对方，结果却是幕府军战败，德川庆喜狼狈逃往江户。

明治维新

紧接着，天皇军乘胜出征，占领了江户，到1869年彻底消灭了幕府的残余势力。日本皇室终于恢复了对全国的实际统治权。

1868年9月，明治天皇将江户更名为“东京”，第二年将首都迁到这里，并实行了一系列的政治、社会改革。这就是历史上著名的“明治维新”。

维新主要内容如下：

将全国划分为3府72县，不再分封各藩；废除过去的“士农工商”身份制；一步步取消封建俸禄制度；主张向西方学习，停用阴历，改用太阳历；引进西方的先进技术；改革土地制度；全国统一币制，设立中央银行。

在教育方面，设大学区、中学区及小学区，兴办多所学校，强化忠君爱国教育。

在军事领域，日本更是大力改革，不惜投入大量财力。日本陆军的改制借鉴了德国，海军则借鉴了英国。政府规定男子年龄达到20岁必须应征入伍，以壮大军队力量。军国主义和武士道精神成为日本治军的两大纲要。

此外，政府还进行了交通、司法、宗教等方面的改革。通过“明治维新”，日本很快就崛起成为一个资本主义强国，并开始实行对外扩张的政策。

知识链接

明治维新之后，日本的国力日益强盛，不断要求和西方列强修改那些已经签订的不平等条约，到1911年，废除了所有的不平等条约。同时，日本政府对外扩张的野心也不断膨胀，1874年出兵侵略台湾，1875年侵略朝鲜，1876年强迫朝鲜签订《江华条约》。1879年，日本强占了琉球，更名“冲绳县”。

日俄战争

日俄战争是日本和沙皇俄国之间为争夺利益而发起的帝国主义战争，但地点却发生在中国东北地区。这场战争，日俄两国都投入了大量的兵力，结果以日军获胜而告终。这场非正义的战争，使东北人民遭受了巨大的灾难。

一触即发的战争

沙皇俄国早就有心吞并朝鲜和中国东北地区。中日甲午战争后，两国签订了《马关条约》，清政府将辽东半岛割让给日本，这对俄国十分不利。于是，俄国勾结了德国和法国，强迫日本把辽东半岛归还清政府。随后，俄国又获得了在中国东北地区修建铁路的权利，并借口“保护铁路”，派兵到东北。日本政府不甘心就这样放弃已经到手的利益，打算用武力对抗俄国。

1904年2月，日俄两国的关系彻底恶化，日俄战争一触即发。日本调动了数十万兵力，他们的战略方针是：派海军消灭俄国的太平洋舰队，以夺得制海权。同时，派一部分陆军从朝鲜向鸭绿江进军，以牵制敌人的兵力；陆军主力则攻占中国的旅顺口，接着北上辽阳、奉天等地，以消灭对方的主力。

俄国方面也投入了巨大的兵力。他们计划用海军阻止日军登陆，一部分陆军驻守在旅顺口，另一部分陆军在鸭绿江边拖住日军。陆军主力集结在海城和辽阳，等待增援部队到来后再进行反攻，首先将日军从中国东北和朝鲜驱赶出去，再进攻日本本土。

东北兵灾

1904年2月8日夜晚，日本的海军突然袭击了驻在旅顺的俄国太平洋第一分舰队，日俄战争终于爆发了。

第二天，日军又在朝鲜仁川港击沉了俄国海军的2艘军舰。接着，日本陆军的第1集团军登陆朝鲜，于5月渡过鸭绿江，击败了俄国的东满支队。5月5日，日本陆军第2集团军登陆辽东半岛，占据了金州。29日，日本陆军第3集团军登陆大连，向旅顺推进。到7月，日本这三支军队已经合围了辽阳。

8月，日军的海军又在黄海打败了俄国太平洋第一分舰队。9月，辽阳之战展开，日军击败了俄军主力，消灭了对方将近2万的兵力，可自己也付出了伤亡2.4万人的代价。

10月，在沙河地区的激战中，日军击败了俄军的主力部队，日俄两军的伤亡分别是2万多人和4万多人。1905年初，俄军占领的旅顺口失守。这一战，日军俘虏了3万多俄军，可自己伤亡了将近6万人。

3月，日俄两国在奉天（今天的沈阳）进行决战。这场战役，双方参战的兵力一共有55万，决战的结果是俄国遭受惨败，伤亡及被日军俘虏了9万多人，而日军也伤亡了7万多。

战败的俄军退到了四平。5月，俄国的太平洋舰队又被日本海军歼灭。7月，日军登上了俄国的库页岛。

这场战争，到这时已经分出了胜负。后来，美国从中调解，日俄两国在9月5日签订了《朴次茅斯和约》，日俄战争至此结束。俄军退到中国东北北部，日本又控制了东北南部。

这是一场帝国主义之间的战争，却是在中国东北地区进行，使中国遭受了巨大的损失，给东北人民带来了极大的灾难。

知识链接

日俄战争期间，一些中国人无耻地充当了日军的间谍，而被俄军绞死。可是他们被处死的过程中，许多中国人都表现得十分冷漠、无情。当时鲁迅先生在日本学医，这些事情深深地刺激了他，他意识到拯救国人的灵魂，比起拯救他们的身体更重要，于是决定弃医从文，以文学去唤醒这些麻木不仁的同胞。

革命导师马克思和恩格斯

马克思和恩格斯是亲密的革命战友，共同为共产主义的事业无私付出，他们是无产阶级革命者的伟大导师。

马克思

时间
公元19世纪
地点
德国

1818年5月5日，马克思出生于德国莱茵省特利尔城，父亲是当地著名律师。在父亲的影响下，马克思的演讲才能和逻辑思维能力得到了极大的提高。中学毕业以后，马克思在父亲的安排下，进入著名的波恩大学学习法律。可是，当时的波恩大学受社会环境影响，已经没有良好的学习气氛。一年后，马克思转入柏林大学法律系。

当时，大哲学家黑格尔已经去世，德国的哲学界出现两种对立的派别：一种是“老年黑格尔派”，他们支持普鲁士政府的专制统治，拥护专制政权；另外一种则是“青年黑格尔派”，他们强烈反对专制统治，渴望民主政治。马克思在柏林大学学习期间，加入了“青年黑格尔派”，并且积极地参加他们组织的活动。

大学毕业后，他开始为资产阶级民主派的报纸《莱茵报》撰稿，1842年10月担任了该报的主编。在那里，他经常站在民众一边，替老百姓说话，所以《莱茵报》的销量有了很大的提高。但是他的耿直得罪了普鲁士政府，他们查封了《莱茵报》。马克思非常气愤，离开报社去了法国巴黎。

在巴黎，马克思经常到工人家去了解他们的生活状况，还经常参加工人组织的会议。由于长时间和工人在一起，马克思逐渐认识到，要想全面提高全人类的思想觉悟和文化水平，使工人阶级成为社会的主人，就必须建立一种没有剥削、没有压迫、人人平等的新型社会——共产主义社会。而要实现共产主义社会，必须付出实际的行动。从此，马克思的一切革命活动都围绕着建立共产主义社会这个宗旨，最后成为伟大革命理论的奠基者、无产阶级革命者的伟大导师。

知识链接

1820年，恩格斯出生于德国莱茵省巴门市的一个资产阶级家庭。他的父亲开着一家很大的纺织厂，恩格斯从小就有着良好的生活条件。

恩格斯

恩格斯的父亲希望恩格斯继承自己的事业，成为大资本家，所以在恩格斯中学还没读完时，就强迫他走出校门学习经商。恩格斯虽然非常不满，但还是听从了父亲的安排，到了一个小营业所上班。

18岁时，恩格斯去了德国北部一个重要港口城市——布莱梅。那里思想比较自由，又没有父亲严厉的约束，恩格斯过得非常开心。他开始如饥似渴地学习各种知识。更为重要的是，恩格斯阅读了大量的进步书刊，受到了不少新思想的熏陶，他对工人等无产者更为同情了。他认识到，要改变工人的生活状况，就必须彻底推翻当时的社会制度。于是他开始积极寻找推翻资本主义的道路和方法。

20岁时，恩格斯靠着自己的刻苦学习，掌握了英、法、意、西班牙、希腊、拉丁等十几种外语。在服兵役期间，他还经常到柏林大学旁听，接触到各种专业知识。

1842年，恩格斯与正在主编《莱茵报》的马克思相见了。但是马克思刚开始对他并不了解。后来，恩格斯去了英国曼彻斯特。在那里他发现，英国工人为了自由、平等、幸福，已经和资产阶级作了很长时间的斗争。经过广泛深入的调查，恩格斯写了一篇《政治经济学批判大纲》的文章，把它寄给了时任法国《德法年鉴》主编的马克思，那时马克思已经离开了《莱茵报》。

马克思及时地刊登了这篇文章，并回信给恩格斯，希望他能把英国工人阶级所面临的问题详细地反映出来。恩格斯查阅了大量的官方文件资料后，写成了一本《英国工人阶级状况》。这本书为之后的工人阶级斗争指明了方向，促进了工人运动的发展。之后，这两个伟人开始为共同的理想而奋斗，并取得了非凡的成就。

1848年，马克思和恩格斯合著的《共产党宣言》在伦敦出版，标志着马克思主义的诞生。《共产党宣言》是国际共产主义运动第一个纲领性文件，是全世界无产阶级和共产党人认识世界和改造世界的强大思想武器。

第一国际

1864年9月28日，“国际工人协会”在伦敦成立，也就是“第一国际”。各国工人在这个组织的领导下开展运动，掀起了工人运动的高潮。

时机成熟

1864年9月28日，在伦敦圣马丁教堂，为了声援波兰人民反抗沙皇统治的斗争，英国和法国工人在这里召开了会议。

工人们踊跃发言，现场的气氛十分热烈。马克思看到这种场面，非常兴奋。他觉得组成一个全世界的工人联合组织的时机已经成熟。

于是，在马克思的支持下，各国工人成立了“国际工人协会”，也就是“第一国际”。他们还通过选举的方式成立了领导机构——中央委员会，后改称“总委员会”。马克思被选为总委员会委员，德国通讯书记。

风波骤起

1864年10月18日，马克思参加了一个会议。总委员会的领导们在会上争得面红耳赤。原来，他们在起草“第一国际”的纲领和章程，而各国代表之间产生了严

知识链接

普鲁东认为应该取消国家、取消政党，世界上所有人想干什么就干什么，不受任何约束。这种思想虽然根本就行不通，却得到了不少国家许多人的支持。

重的分歧。意大利代表要求把意大利工人协会的章程，作为第一国际的章程。而英国代表则认为工人阶级应该为了经济利益而斗争。

马克思非常焦急，认为如果这样下去，就将背离组建第一国际的实质和意义。

于是10月28日这天，马克思向总委员会提交了自己修改过的《第一国际成立宣言》和《第一国际共同章程》。总委员会一致通过了这些文件。

开展斗争

第一国际成立后，各国工人立刻在它的组织下开展运动，掀起了国际工人运动的高潮。如1866年英国工人大罢工、1867年法国工人大罢工、1868年日内瓦工人大罢工等，都是在第一国际的有力支持下取得了胜利。

第一国际不仅支持各国工人反对资产阶级，争取自己应有的权益，还要同各种机会主义者做斗争。这些机会主义者的代表主要有普鲁东主义和巴枯宁主义。

在艰巨而复杂的斗争中，第一国际不断发展壮大，各国工人更加紧密地团结在它的周围，开展着无产阶级的反抗斗争。

革命光芒照亮世界

十月革命是俄国人民在以列宁为首的布尔什维克党领导下进行的社会主义革命，因发生在俄历10月而得名。

十月革命的相关背景

1905年1月9日，俄国最后一个沙皇尼古拉二世以“工人想摧毁冬宫，杀害沙皇”为借口，下令军队向请愿的工人群众开枪，这就是历史上非常有名的“流血的星期日”。

之后，本来就处于饥寒交迫之中的俄国人民掀起了一次又一次的革命风暴。接着，尼古拉二世为了对外掠夺和转移人民斗争的视线，把俄国拖入了第一次世界大战。结果俄国在战争中伤亡惨重，屡遭失败，这更加引起了广大人民的强烈不满。

1917年3月8日，彼得格勒的工人在残酷战争的煎熬下，饿着肚子走上了街头。沙皇尼古拉二世吓坏了，赶紧派人前去镇压。在工人们的感召下，不少士兵公开站到了革命的一边。就这样，二月革命冲垮了统治俄国长达304年的罗曼诺夫王朝，出现了历史上罕见的两个政权（一个是资产阶级临时政府，一个是工农兵代表的苏维埃政府）并存的局面。1917年4月17日，列宁

在布尔什维克的会议上提出从资产阶级民主革命过渡到社会主义革命的任务，指明了革命发展的前途，这就是《四月提纲》。

1917年7月1日，资产阶级临时政府贸然向德意志帝国和奥匈帝国发动进攻，短短10天内使俄军损失6万人。这个消息让彼得格勒的革命群众非常激动，他们于7月16日走上街头，要求临时政府把全部政权归还给苏维埃。临时政府派出军队进行血腥的镇压，打死打伤了600多名工人，这就是著名的“七月流血事变”。它让人民进一步看清了临时政府反革命的丑恶嘴脸，而两个政权并存的局面也随之结束了。

彼得格勒武装起义

1917年11月7日（俄历10月25日）晚9时，阿芙乐尔号巡洋舰打响了武装起义的第一炮。

20多万革命士兵和起义工人很快占领了彼得格勒的各个战略要地，临时政府总理克伦斯基坐着美国大使馆的汽车狼狈而逃。上午10点的时候，列宁起草的《告俄国公民书》散发到人民手中，它宣布了临时政府的垮台。但是临时政府仍然不甘心就此罢休，革命军事委员会向他们下达的无条件投降的最后通牒书也遭到拒绝。晚上9点45分，总攻的信号发出以后，赤卫队员和革命士兵敏捷地越过街垒，冲向冬宫，并与冬宫内临时政府的成员展开了激烈的战斗，直至8日凌晨，临时政府的成员（除克伦斯基逃跑外）全部被擒，彼得格勒武装起义在人们的欢呼声中落下了帷幕。

十月革命的影响

十月革命建立了第一个无产阶级领导的社会主义国家，改变了俄国历史的发展方向。它沉重地打击了帝国主义的统治，极大地鼓舞了国际无产阶级革命运动和殖民地、半殖民地及被压迫民族的解放运动。马克思列宁主义传遍了世界，甚至对整个人类社会的发展都产生了巨大的影响。

第 11 章

改造自然的先行者

人类今天能有如此之大的改变，能有如此幸福的生活，不得不感谢先烈们做出的贡献——“光明使者”爱迪生、伟大的居里夫人、“X射线之父”伦琴、科学家牛顿，等等。没有他们，就没有今天的世界。

“诺贝尔奖”的产生

诺贝尔奖是以瑞典著名化学家、工业家、硝化甘油炸药发明人阿尔弗雷德·贝恩哈德·诺贝尔的部分遗产作为基金创立的。诺贝尔奖包括金质奖章、证书和奖金。

科学世家里的天才

诺贝尔的父亲是位科学家和发明家，母亲是以发现淋巴管而成为著名的瑞典博物学家——鲁德贝克的后裔，他的弟弟也是一位科技工作者。因此，诺贝尔家族算得上是科学世家。

诺贝尔从小体弱多病，但他却意志坚强，不甘落后。诺贝尔的父亲喜欢化学实验，常常讲科学家的故事给诺贝尔听，鼓励他长大做一个有用的人。有一次，小诺贝尔看见父亲在研制炸药，就睁大眼睛问：“爸爸，炸药伤人，是可怕的东西，你为什么要制造它呢？”爸爸回答说：“炸药可以开矿、筑路，许多地方需要它呢！”小诺贝尔似懂非懂地点点头，说：“那我长大以后也做炸药。”

时间
公元1900年
地点
瑞典

1841年，诺贝尔8岁，他进了当地的约台小学，但只读了一年书，这也是他所受过的唯一的正规学校教育。他主要接受的还是家庭教师的教育。天资聪颖的他对科学有着浓厚的兴趣，16岁就成为很有能力的化学家，能流利地说英、法、德、俄、瑞典等国家语言。1850年，诺贝尔赴巴黎学习化学，一年后又留学美国，在当时最有名的船舶专家、科学家J．埃里克森的指导下工作了4年。诺贝尔还对文学有长期的爱好，在青年时代曾用英文写过一些诗。后人还在他的遗稿中发现他写的一部小说的开端。

研制炸药，终成巨富

在诺贝尔之前，很多人研究和制造过炸药。如中国的黑色火药以及意大利人发明的硝化甘油。硝化甘油的爆炸力比黑火药大得多，但它不易控制，很容易自行爆炸，也不容易按照人的要求爆炸。制造、存放和运输都很危险，人们不知道该怎样使用它。所以在发明以后的十几年间里，人们只用它来治疗心绞痛。

诺贝尔决定从硝化甘油的制造和研究入手。起初，他用黑色火药引爆硝化甘油，后来又发明了雷管引爆，取得了使硝化甘油爆炸的有效方法。在诺贝尔研究的道路上，真是困难重重、多灾多难。在美国，一列火车给炸成了一堆废铁；德国的一家工厂全部成了一片废墟；甚至诺贝尔最小的弟弟埃米尔也被炸药炸死。但诺贝尔没有灰心，发誓不解决硝化甘油的不稳定问题，决不罢休。后来，他终于发明了用一份硅藻土吸收三份硝化甘油的办法，第一次制成了运输和使用都很安全的工业炸药。受此启发，诺贝尔再接再厉，又把发明的成果向前推进了一步：用火棉和硝化甘油发明了爆炸力很强的胶状物——炸胶，再把少量樟脑加到硝化甘油和炸胶中，制成了无烟火药。

安全炸药发明后，马上被广泛地用于开矿、筑路等方面，炸药的产量大幅度上升，他一生共获得技术发明专利355项，并在欧美等五大洲20个国家开设了约100家公司和工厂，积累了巨额财富。但诺贝尔的生活还是十分俭朴，为了研究，他甚至一生都没结婚。

知识链接

1896年，诺贝尔本人得了心绞痛和心脏病，并且非常严重，具有讽刺意味的是医生建议他服用硝化甘油（当时试验证明有效，但没有理论支持），他不予理睬直到去世。直到一百多年后三位获得1998年诺贝尔医学奖的科学家发现硝化甘油中的一氧化氮是机体产生的一种信号分子，能够舒张血管从而有利于血液循环，能对心血管系统产生益处，才得到了理论上的支持。

“光明使者”爱迪生

托马斯·阿尔瓦·爱迪生是举世闻名的美国电学家和发明家，一生约有2000项创造和发明，为人类的文明的进步做出了巨大的贡献。

艰辛的童年

很难相信发明大王爱迪生小时候竟然是个被老师判定为弱智的少年。爱迪生8岁上学，但只上了3个月就退学了，理由是老师认定他为低能儿，愚钝糊涂。

爱迪生的母亲是个知识分子，决心靠自己的力量教育儿子。在母亲的教育下，爱迪生对书有了浓厚的兴趣——8岁时，他就读了英国文艺复兴时期最重要的剧作家莎士比亚、狄更斯的著作和许多重要的历史书籍；9岁时，他能迅速读懂难度较大的书，如帕克的《自然与实验哲学》。

爱迪生对自然科学的最早兴趣是在化学方面。他收集了200多个瓶子，并节省每一个小钱去购买化学药品装入瓶中。11岁那年，为了赚钱购买化学药品和设备，他开始了工作。12岁的时候，他获得了列车上售报的工作，辗转于休伦港和密歇根州的底特律之间。

他一边卖报，一边兼做水果、蔬菜生意。但只要有空他就会到图书馆看书。1861年美国爆发了南北战争，刚满14周岁的爱迪生买了一架旧印刷机，利用火车的便利条件，办了一份小报（周刊）——《先驱报》，传递战况和沿途消息。他一人兼任记者、编辑、排字、校对、印刷和发行的工作。

小报受到很多人欢迎，他也从紧张的工作中增长了才干、知识和经验，还挣了不少钱，得以继续进行化学试验。就是在这样的环境下，爱迪生完成了自己的科学教育，并逐渐成为一个实用的技术人员。

发明大王

1878年9月，爱迪生开始研究电灯。那时煤气灯已代替煤油灯，但煤气灯的火焰闪烁不定，而且还会产生有害气体。虽然弧光灯已经发明，但由于它在燃烧时发出咝咝声而且光亮过于耀眼，不宜用于室内，所以只能在公共场合使用。当时许多欧美科学家都在探求制造一种新的稳定的发光体。

爱迪生研究了弧光灯后宣布他能发明一种使人满意的光。

发明是一项艰苦的工作，光是为寻找做灯丝的竹子，爱迪生就试验过上千种世界各地的竹子。经过几千次的失败，1879年4月，爱迪生改进了前人的棒状、管状灯，做了一个玻璃球状物；1879年10月21日，他把一个经过碳处理的棉线固定在玻璃泡内，抽出了空气、封上口、通上电流——它不出意外地发光了，电灯被发明出来了。

知识链接

很少有人知道爱迪生和美国汽车大王福特是一对好朋友。福特一生最崇拜的偶像就是爱迪生。当福特开始研制汽车时，爱迪生高兴地赞扬道：年轻人，努力干下去吧，不要放弃自己的设想，汽车的构想是优越的。受此激励，福特创办了以自己名字命名的福特汽车公司，走上了世界汽车工业的发展之路。

1880年至1882年间，爱迪生又再接再厉地设计了电灯插座、电钮、保险丝、电流切断器、电表、挂灯等，还设计了主线和支线系统，又制成了当时世界上容量最大的发电机，并在纽约建立了第一座发电厂，开辟了第一个民用照明系统。

1931年10月18日，爱迪生于美国西奥兰治去世，终年84岁。但至今为止，还没有人能打破他持有的1093个发明专利权的纪录，人们称他为“发明之王”。

在爱迪生之前的美国，一切工业标准都是仿效英国的。而爱迪生的发明，让美国的工业标准成功地取代了英国。

居里夫人与“镭”

居里夫人是法国籍波兰裔科学家，发现了镭和钋两种放射性元素，是迄今为止唯一一在两个不同领域获得诺贝尔奖的科学家。作为杰出的科学家，居里夫人有一般科学家所没有的社会影响，她的成功激励了很多人。

自学成才的少女

玛丽·居里是家中5个子女中最小的，也是最聪明的一个。她的父亲和母亲都是中学教师。玛丽的童年是不幸的，在她不满10岁时，母亲就病逝了。因此，她的生活中充满了艰难。这样的生活环境，不仅培养了她独立生活的能力，也使她从小就磨炼出了非常坚强的性格。

玛丽从小学习就非常勤奋刻苦，从不轻易放过任何学习的机会，处处表现出一种顽强的进取精神。从上小学开始，她每门功课都考第一。15岁时，就以获得金奖章的优异成绩从中学毕业。

她从小就喜爱父亲实验室中的各种仪器，长大后又读了许多自然科学方面的书籍，更使她充满幻想，急切地渴望到科学世界去探索。但当时的家境不允许她去读大学。19岁那年，她开始做长期的家庭教师，同时还自修了各门功课，为将来的学业做准备。这样，直到24岁时，她才终于来到巴黎大学理学院学习。

她带着强烈的求知欲望，全神贯注地去听每一堂课。艰苦的学习使她身体变得越来越差，但是她的学习成绩却一直名列前茅。这不仅使同学们羡慕不已，也使教授们惊异不已。入学两年后，她充满信心地参加了物理学学士学位考试。在32名应试者中，她考了第一名。第二年，她又以第二名的优异成绩，考取了数学学士学位。

镭之母

1896年，法兰西共和国物理学家贝克勒尔发表了一篇工作报告，详细地介绍了他通过多次实验发现的铀元素，这使居里夫人产生了极大的兴趣。这些能量来自什么地方？这种与众不同的射线的性质又是什么？居里夫人决心揭开它们的秘密。

1897年，居里夫人选定了自己的研究课题——对放射性物质的研究。当时，居里夫人实验室的条件极差——夏天，因为顶棚是玻璃的，里面被太阳晒得像一个烤箱；冬天，又冷得人都快冻僵了。居里夫人为了提炼镭，克服了人们难以想象的困难，每次把20多公斤的废矿渣放入冶炼锅熔化，连续几小时不停地用一根粗大的铁棍搅动沸腾的材料，而后从中提取仅含百万分之一的微量物质。

知识链接

居里夫人的年薪达到4万法郎时，她照样“大方”。她每次从国外回来时，总要带回一些宴会上的菜单，因为这些菜单都是很厚很好的纸片，在背面写字很方便。因此有人形容居里夫人一直到死都“像一个匆忙的贫穷妇人”。

她从1898年一直工作到1902年，经过几万次的提炼，处理了几十吨矿石残渣，才得到了0.1克的镭盐，测定出了它的原子量是225。这个研究课题，把她带进了科学世界的新天地。她最终完成了近代科学史上最重要的发现之一——发现了放射性元素镭，奠定了现代放射化学的基础，为人类做出了伟大的贡献并因此荣获诺贝尔物理学奖。

1911年，居里夫人又获得诺贝尔化学奖。一位女科学家，在不到10年的时间里，两次在两个不同的科学领域里获得了世界科学的最高奖，这在世界科学史上是独一无二的事情。

牛顿与“万有引力”定律

许多科普书籍都说牛顿是从苹果落地受到启发而发现了万有引力定律。其实，万有引力定律的发现是个复杂的过程，远远不是苹果落地那么简单的。

巨人的诞生

牛顿是个遗腹子，出生前父亲就去世了。母亲改嫁，把牛顿留在外祖母家独自成长。这使得牛顿成了一个沉默寡言、性格倔强的孩子。

5岁的时候，牛顿被送到公立学校读书。少年时的牛顿并不是神童，他资质平常，成绩一般，但喜欢读书，喜欢看一些介绍各种简单机械模型制作方法的读物，而且喜欢自己动手制作些奇怪的小玩意儿，如风车、木钟、折叠式提灯等。

到了中学时代，牛顿的学习成绩还是不出众，只是爱读书，对自然现象充满了好奇心，例如颜色、日影四季的移动，尤其是几何学、哥白尼的日心说等。他还分门别类地记读书笔记，又喜欢别出心裁地做些小工具、小技巧、小发明、小试验。牛顿的母亲一度对他的学业产生绝望，希望他退学务农，将来成为一个农夫。只是在牛顿舅舅的劝说下，才勉强让牛顿继续学业。

知识链接

作为大学教授，牛顿常常不修边幅——往往领带不结，袜带不系好，马裤也不纽扣，就走进大学餐厅。而且在向女朋友求婚时，思想经常开小差——想到他的各种定律，最终以失败告终。因多次未果，牛顿终生未娶。

1661年，19岁的牛顿以减费生的身份进入剑桥大学三一学院，靠为学院做杂务的收入支付学费。牛顿的老师伊萨克·巴罗发现牛顿具有深邃的观察力、敏锐的理解力，于是将自己的数学知识，包括计算曲线图形面积的方法，全部传授给牛顿，并把牛顿引向了近代自然科学的研究领域。

在这段学习过程中，牛顿掌握了算术、三角，读了开普勒的《光学》，笛卡儿的《几何学》和《哲学原理》，伽利略的《两大世界体系的对话》，胡克的《显微图集》，还有皇家学会的历史和早期的哲学学报等，积累了丰富的科学知识。

伟大的科学发现

在牛顿以前，天文学是最显赫的学科。但是为什么行星一定要按照一定的规律围绕太阳运行？天文学家们都无法圆满解释这个问题。开普勒早就认识到，要维持行星沿椭圆轨道运动必定有一种力在起作用。他认为这种力类似磁力，就像磁石吸铁一样。他根据大量的天文观测，得出了行星运动三定律。1664年，胡克发现彗星靠近太阳时，轨道弯曲是因为太阳引力作用的结果。1679年，他写信问牛顿，能不能根据向心力定律和引力同距离的平方成反比的定律，来证明行星沿椭圆轨道运动。根据胡克的这一思路，牛顿利用地球半径、日地距离等精确的数据，发现了伟大的万有引力定律：两个物体之间有引力，引力和距离的平方成反比，和两个物体质量的乘积成正比。

图说天下学生版

历史其实很有趣儿

（世界卷）